JN275607

稲川順子著

経済発展と政府の役割
——チェコ共和国の例——

信山社

はしがき

　1980年代初めの厳しい社会主義体制まっただなかのチェコスロバキア（プラハ）に2年間生活した経験から，個人の自由がいかに貴重であり，いかに社会主義体制下で否定されていたかを体験した。従ってチェコスロバキアに体制転換という不可能が可能になるチャンスが訪れたとき（1989年），国民が旧社会主義体制を早急に崩壊させ民主主義体制へ移行させようとしたことは当然であろう。しかし同時に社会主義計画経済体制下に40年以上もあった国民，政府，銀行，企業を民主的市場経済体制へと一晩で移行させることがいかに困難であるかという点をも考慮しなければならない。このような諸条件のもと，中・東欧諸国の国民は，政治・経済両面から移行を推し進めてきたのである。本書の意図は，チェコ共和国における移行過程から生じてきた構造的諸問題を分析することにあり，その解決のため戦後日本の産業政策（1950年―1955年）を例にとって一つの提案を試みている。

　本書の執筆にあたっては，多くの方々のお世話になった。
　黒田昌裕教授（慶応義塾大学）には，本書のテーマを進めるうえで前向きなアドバイスを数多くいただき，心より感謝の念を表したい。また尾崎巖教授（慶応義塾大学）は，常に経済学に対する広い見方を示して下さったが，とくに議論させていただいた市場経済体制と社会主義計画経済体制の間のクロスオーバーは，本書の基礎になっており，心より感謝申し上げたい。そして赤川元章教授（慶応義塾大学）には，本書の内容に関して多くの貴重なコメントを頂き，心より御礼申し上げたい。
　本書はまた，その他多くの中・東欧諸国（とくにチェコスロバキア，ハンガリー，ポーランド）の学者，銀行家達によって励まされ，前進することが可能になった。これら諸国でのインタビューに移行期の忙しい時間を割いてくれたすべての方々に御礼を申し上げたい。特にDr. Jan Klacek（チェコ共和国の元投資銀行総裁）には，チェコ共和国移行期に関する多くの情報をいただき，かつ多くの質問にも答えていただいた。そして佐藤経明名誉教授（横浜市立大学）には，常に最新の中・東欧に関する文献を頂き，深く感謝申しあ

はしがき

げたい。

　その他にも，オーストリア（ウイーン）のWIFO（Österreiches Institut für Wirtschaftsforschung）所長 Prof. Helmut Kramer，ウイーン経済大学教授 Prof. Gerhard Fink に感謝の念を表したい。

　最後に，お名前を全部ここで書くことができなかった大学関係，研究所関係および多くの方々に心からの御礼を申しあげたい。そして本書の出版は，信山社の渡辺左近氏のご親切な励ましがなければ不可能であった。このような出版の機会を与えて下さったことに心からの感謝を申し上げたい。

　最後に，本書を，若くしてこの世を去った父に捧げたい。そして2004年が少しでも平和に向かって歩みよれる年であることを心より祈りたい。

　　2004年1月10日

　　　　　　　　　　　　　　　　　　　　　　　　　　　稲 川 順 子

目　次

はじめに …………………………………………………………………… 1
  1　目的・方法論 ……………………………………………………………1
  2　本書のアウトライン …………………………………………………4
  3　チェコ共和国における構造的硬直性の問題解決への一つの提案 ……10

第1章　移行諸国の成長・発展に関する異なった見方 …………15
  1-1　中・東欧移行諸国の成長・発展に対するIMF及び世界銀行の
　　　　見方 ……………………………………………………………………15
  1-2　ショック・セラピー導入に対する賛成・反対意見 ……………18
  1-3　制度的分析 …………………………………………………………19
  1-4　本書の見方 …………………………………………………………21
  1-5　戦後日本経済発展の経験の適用性 ………………………………23
  1-6　効率的市場創設の必要性 …………………………………………24

第2章　中・東欧諸国における移行過程
　　　　──チェコ共和国の経験から── ………………………………25
  2-1　1989年以前のチェコ共和国の状況 ………………………………25
  2-2　1989年以後のチェコ共和国の移行 ………………………………27
    2-2-1　自由化政策（価格，貿易，その他国家支配からの自由化） …………30
    2-2-2　安定化政策（マクロ経済安定政策） ……………………31
    2-2-3　私有化政策（バウチャー私有化政策, voucher privatization: v. p.）…32

目　次

第3章　チェコ共和国における移行過程の結果 …………37

3-1　自由化政策および安定化政策導入の結果 …………38
- 3-1-1　インフレーション・失業率 …………38
- 3-1-2　GDP成長率 …………43

3-2　バウチャー私有化の結果 …………46
- 3-2-1　銀行の私有化 …………47
- 3-2-2　国有企業の私有化 …………48
- 3-2-3　私有化後の銀行・企業構造 …………51

3-3　成長・発展への主な障害 …………56
- 3-3-1　私有化された諸企業と市場競争 …………57
- 3-3-2　私企業への資金配分 …………59
- 3-3-3　産業セクターへの資金配分 …………61
- 3-3-4　市場競争の育成および効率的資金配分 …………63

第4章　戦時経済計画体制と社会主義経済計画体制との類似性 …………67

4-1　戦後日本経済の発展プロセス（1945年―1970年）…………69

4-2　財閥支配体制解体および戦時経済体制の崩壊 …………71
- 4-2-1　インフレーション …………71
- 4-2-2　生　産 …………71
- 4-2-3　所　得 …………72
- 4-2-4　成　長 …………72

4-3　財閥支配体制から民主的市場経済体制への移行の諸手段 …………73
- 4-3-1　財閥解体 …………73
  - 4-3-1-1　財閥解体の過程　(76)
  - 4-3-1-2　財閥解体の内容　(78)
    - 4-3-1-2-1　財閥家族の解体　(79)

      4-3-1-2-2　財閥貿易会社の解体　(82)

    4-3-1-3　財閥解体以前・以後における企業および銀行の構造　(83)

      4-3-1-3-1　財閥解体以前・以後の企業構造　(83)

      4-3-1-3-2　財閥解体以前・以後の銀行構造　(84)

  4-3-2　ドッジ・プラン ··· 85

    4-3-2-1　ドッジ・プランの過程　(85)

    4-3-2-2　ドッジ・プランの内容　(87)

    4-3-2-3　ドッジ・プラン導入以前・以後のインフレーション　(88)

第5章　産業政策に基づく特別金融機関の機能 ································ 91

  5-1　産業政策の役割 ··· 91

  5-2　戦後日本（1945年—1970年）の産業政策 ······························· 92

  5-3　戦後日本の金融機関 ·· 94

  5-4　戦後日本の間接金融制度 ·· 96

  5-5　戦後日本の間接金融・直接金融のパーセンテージ
        （1954年—1964年）·· 97

  5-6　日本開発銀行の役割と機能（日本興業銀行および都市銀行
        との協力において）·· 98

  5-7　日本開発銀行による機械産業部門への融資 ························· 104

    5-7-1　1951年—1955年 ··· 104

    5-7-2　1956年—1960年 ··· 107

  5-8　成 長 率 ··· 109

  5-9　輸 出 率 ··· 111

  5-10　マクロ経済的特徴（1946年—1950年，1950年—1955年，
        1955年—1970年）·· 112

目　次

第6章　政府主導型発展政策の可能性
　　　　（戦後日本の経験に照らして） ……………………………117
6-1　移行以前（1970年代および1980年代）の銀行・資本市場の構造 …117
6-2　移行後（1990年代）の銀行・資本市場の構造……………………120
　　6-2-1　1989年以降のチェコ共和国の金融市場 ……………………121
　　6-2-2　チェコ共和国における間接金融・直接金融（1994年）………121
　　6-2-3　チェコ共和国における貯蓄・投資（1992年―1998年）………122
　　6-2-4　移行後（1990年代）の資金循環チャート ……………………126
6-3　戦後日本の産業政策（1950年―1955年）……………………………128
6-4　チェコ共和国が導入した銀行・企業のリストラ政策 ……………130
6-5　戦後日本の経験に照らした一つの提案………………………………133
6-6　チェコ共和国の最近の動向 …………………………………………135

おわりに ……………………………………………………………………145

　参　考　文　献
　事　項　索　引

はじめに

1 目的・方法論

　本書の目的は，社会主義体制から民主主義体制への政治・経済両面の移行過程にある中・東欧諸国（Central and East European Countries: CEECs），とくにチェコ共和国において移行と成長を同時に実現する上で生じてくる構造的問題を指摘し，経済成長および経済発展を実現するための方法を分析することにある。過去の歴史をもとに移行過程にあるチェコ共和国において何が構造的硬直性をもたらしたか，また特にこの目的のために何を解決すべきであったのか検討する。

　本書では，チェコスロバキアにおいて 1989 年末のいわゆる「ビロード革命」以降から 2001 年まで，なかんずくバウチャー私有化政策の功罪を中心に検討を行う。

　もとより中・東欧諸国の移行過程において政治・経済を分離することは不可能であり，それぞれの改革は密接に相互関連しているが，本書では経済面における改革に重点をおいて分析を進める。

　社会主義経済体制から市場経済体制への移行を遂げるということは，政府が計画のもとであらゆる資源・資金の配分を決定する計画経済体制から，市場経済にまかせ，価格を通じてその決定がなされる体制への移行である。そして，この移行を通じて競争市場の成立と持続的経済成長へと導いていくことが重要である。体制移行と経済成長の両方を同時に達成していくことが現在の中・東欧諸国の課題であり，通常の発展途上国の分析とは違う点がここにある。

　この課題の解決を阻害している主な要因として次の点があげられる。

はじめに

　第一に，当然，移行過程から生じてくる市場制度設立の問題点とか市場発展の未成熟という問題点などが生じてくる。第二に，政府の指導者，行政，企業の経営者，銀行マネージャーおよび一般国民の間における移行に対する政治的コンセンサス，社会的コンセンサス，および市場経済に関してのコンセンサスも十分であるとはいえない。ある日突然，社会主義経済体制から市場経済体制へ移行したからといって，国民の意識が一晩で変化するものではない。つまり，移行から生じる痛みをどれだけの真剣さで国民全員が覚悟して移行をつらぬこうとしているかの度合いもまた，移行が成功するかどうかにおいて重要な点である。さらに，この移行がかならず成功するという保障はどこにもないことから生じる人々の将来への不安感も重要な要素である。

　これらすべての要因，すなわち制度的な問題と意識上の問題は，移行過程における経済体制の構造的な硬直性と呼ぶことができる。さらに第三として，自由化（liberalization），安定化（stabilization），私有化（privatization）からなるショック・セラピー（shock therapy）導入の結果生じた構造的硬直性の問題点を指摘することも重要である。これは特に銀行制度を中心としたヒエラルヒー構造の再現であり，これが資金循環の効率性を妨げる問題であった。そもそも資本市場が未熟な状況のもとでは，貯蓄を銀行の融資を通じて競争力のある企業へ効率的に配分していくことが機能しない構造を生み出していたからである。

　制度的な問題，意識の問題，ショック・セラピーの結果生じてきた銀行中心のヒエラルヒーの問題すべてを，移行国チェコ共和国における構造的硬直性と本書では呼ぶ。従って，移行諸国におけるこれらの構造的硬直性を除去し，経済成長へのポテンシャルを引き出し，経済発展を確保するためには，今までのようなIMF・世銀の指導下でのショック・セラピーに委託するべきではないと考える。というのは，このショック・セラピーの考え方は，制度および発展した市場がすでに存在していることを前提としており，そこで価格メカニズムが作動することを初期条件とし，構造そのものの概念をまったく無視しているからである。

　ダイナミックな枠組みから成長・発展を捕えたサイモン・クズネッツ（Simon Kuznets）は，近代先進国の成長・発展が労働者一人当りの生産性の上昇つまりテクノロジーの向上により資本蓄積を通じて達成されるとした。こ

の考え方に基礎を置いてワシリー・レオンチェフ（Wassily Leontief）は，成長・発展を実現するためにはどのような経済構造が必要かという問題を分析し，この構造（structure）という概念を発展段階でとらえ，構造が変化していくこと，つまり構造変化（structural change）が成長・発展の根底にあるとした。移行経済にとっては，構造概念を基礎においたこの考え方が重要である。ここでレオンチェフは，構造を，テクノロジーの構造，制度の構造，需要の構造といった全体を含めて考えており，具体的にいうと，金融制度の構造も含んだ広い意味でとらえている。しかしショック・セラピーは，構造そのもの，特に中・東欧諸国の特殊な構造問題を無視しているのである。移行諸国がそれまでの経済・政治体制下における発展プロセスから生じる構造的硬直性の問題を解き，同時に成長・発展へ導くためには，クズネッツおよびレオンチェフの経済構造を前提とした成長・発展分析の考え方からアプローチした方がより現実的であり，本書ではこれを発展論への基礎におく。この論点を踏まえて戦後日本での構造的硬直性の問題を解決し同時に成長・発展をとげた一時期の政府の政策を分析することにより，チェコ共和国への一つの解決策を示そうと試みた。

チェコ共和国において導入された，ショック・セラピーの中のミクロ政策であるバウチャー私有化（voucher privatization）を通じての国有企業の個人への所有権移行には，そもそも構造および構造変化という概念はまったく入っていない。直接的・無媒介的に市場経済への移行を想定し，構造変化は当然その過程において，市場を通じてオートマティックに進行するものとされていたのである。あらためて政府の政策によって操作できるものではないし，する必要もないとしていた。もちろん，市場が十分に働いている場合，そしてある発展レベルにある場合にはこの方法が妥当するであろうが，チェコ共和国では，第一に，制度そのものが市場経済が作動するための基礎的な部分で欠如していたし，また第二に，国民・政府・企業が意識の上でまだ市場経済になれていなかったし，そして第三に，特に資本市場の未発達から生じてくる資金循環の非効率性といった点の問題を抱えていたため，バウチャー私有化の目的とした市場経済が即座に作動しだすことは困難であった。

本書では，日本が，特に金融構造を戦後どのように財閥解体の中で改革していったか，さらに政府の政策を通じて，例えば，資本市場が未熟な場合，

はじめに

政府金融機関がいかにして資本蓄積に貯蓄が向くようにし資金循環の効率化を実行していったかを例にとり，チェコ共和国の持つ構造的硬直性に関する問題の解決の一つの方法として示している。その歴史的使命が終ってもこのような制度を自由化せず温存してきたことが日本の抱える今日の銀行の不良債権問題，企業の負債問題の根底にあることも考慮しなくてはならない。チェコ共和国がこの方法を応用する場合にも，世界状況が当時の日本のおかれた立場と違っている点は指摘しておかなければならないが，高い貯蓄率と投資率が存在するにもかかわらず成長に結びついていない結果から，自国内の資金をいかに効率的に配分するかは，今チェコ共和国のおかれた最も重要な問題であるといえる。

2　本書のアウトライン

　移行諸国における成長・発展を考える上で欧米諸国および移行諸国内における代表的な見方を第1章では紹介している。
　まずIMF・世界銀行の見方であるショック・セラピーと呼ばれている方法がある。この見方はそもそも移行諸国の構造問題を考慮した政策ではなく，通常の発展途上国との区別もしておらず，どの国においても最初から市場も，そのための制度も存在していることを前提にして，そこでは政府の市場への介入を必要としないという考え方である。社会主義体制下であまりにも長期間自由を奪われた移行諸国の国民にとって米国のような自由な市場経済への移行が最適であると映ったのは当然かもしれない。そこで多くの移行諸国においてこの方法が実行された。しかしそのような一般の見方の他に，移行の初期の段階からもう一つの見方として，Janos Kornai (2000), Frantisek Turnovec (2000) および Marie Lavigne (1999) に代表されるように，移行諸国において持続的成長をとげるためには，安定政策といったマクロ政策のみではなく包括的制度の改革が必要であること，そしてIMFの見方には金融セクターの改革あるいは市場経済構築のための政府の役割といった点が無視されているという点を指摘している。また，Bruno Dallago (2000) は，明確に政府の役割の重要性を指摘している。
　本書は，広い意味での経済構造という概念を前提とし，移行国であるチェ

コ共和国の例が示すごとく，移行から生じてくる構造的硬直性の問題を迅速に解決し，早急に市場経済が作動するよう，特に資金融資の面から政府の役割が重要であるという点を述べている。IMFの見方は，東南アジアにおける金融危機が生じて初めて批判されたが，この時点ではすでに1989年以来移行諸国にはこのIMFの見方が導入されてしまっていた。その結果は，チェコ共和国において，持続的成長にも導いていないし，企業・銀行のリストラもなされていないことが判明している。

　第2章では，移行国の一つであるチェコ共和国の例をあげ，移行が実際にどのように進んだのかを分析している。チェコ共和国において導入されたショック・セラピーとは，移行と経済成長にとって最も重要な条件として，自由化，安定化，私有化政策を早急に実施し，その後は市場に全面的に委ねることにより，競争メカニズムを通じて持続的経済成長が出現するという考え方である。自由化とは，社会主義下ではコントロール下にあった価格・貿易の自由化および企業の市場への参入の自由化等への制度そのものの移行をさす。安定化とは，伝統的な新古典派的安定政策の導入を意味しており，金融・財政政策のもとにインフレーションを下げ政府予算を均衡させることであった。このマクロ政策の導入の結果，インフレーションは急激に抑制し，さらに国家予算の均衡も1996年までは保たれ，成功したといってよい。ただチェコ共和国においては，そもそもポーランドのようなハイパー・インフレーションも財政赤字もなかったわけであるから，はたしてこのような大々的な安定政策を中心にした新古典派的アプローチが必要であったかは問題として残るであろう。マクロ政策も重要であるが，移行初期段階で政府の発展政策であるミクロ政策の導入が，チェコ共和国の場合はより一層重要であった。

　このミクロ政策としての私有化は，チェコ共和国独特なバウチャー私有化と呼ばれる方法でなされた。これは，当時の大蔵大臣であったクラウス（Klaus，現大統領）の提案で実施されたもので，チェコ共和国がとった一つの構造改革の方法であった。政府が国有大企業の所有権の私有化の方法として，バウチャー（クーポン）を18歳以上のチェコ人に限ってただ同然の価格で配分することにより一般国民へ所有権を移行するという民主化の象徴的方法であった。そのなかで，大銀行が投資ファンド（Investment Privatization

はじめに

Funds: IPFs) を設立し，国民のバウチャーを集めて西欧における投資銀行の役割を果たすことにより，株式市場を通じての競争市場の創立をめざしていた。

しかし実際には，バウチャー私有化の結果，国有大企業のほとんどの株が投資ファンドのコントロール下に入ってしまった。バウチャー私有化のその後のプロセスは，わかりやすく述べると次の通りである。大銀行が投資会社 (Investment Companies: ICs ——これは銀行と投資ファンドの間の代理をし，投資ファンドの資産管理をする役割を持っている) を設立し (銀行が直接に投資ファンドを設立することが法律で禁じられていたから)，これの子会社 (daughter company) として投資ファンドを設立した。投資ファンド自体は株式会社である。人々は購入したバウチャーを投資ファンドに持っていく。そのバウチャーの預り証と引換えに投資ファンドは自分の株を発行する (そのバウチャーの価値の分)。そして利潤をあげたらそのバウチャーを買った額の何倍かにして預託した株を買い取るということであった。そして投資ファンドはその集めたバウチャーで私有化された企業の株を売り買いして利益を取得しようとしたのである。

しかし，企業の株式の供給は多いが，投資ファンドが利益をあげられそうな所望の株式は当然少なかったので，なかなか利潤を得られない。そこで投資ファンドは，金融資産 (portfolio) を売ることで利益を得て個人に支払おうとするが，これにも買い手がいない。しかも投資ファンドの主な金融資産は，その成立から考えてもバウチャーで私有化された企業の株式であり，その他の金融資産 (社債・株式・国債・その他) は全体として不足していた。

このようにバウチャー私有化の結果，私有化された企業の株式への需要は軟調で，市場ではその株式への需要が供給を下回るという事態が生じた。そこでそれらの株式を買い取り取得したのは，企業の直接の投資家あるいは仲介会社であった銀行あるいは投資ファンドそのものであった。このように投資ファンドは，企業の所有者でもある一方，人々の株式を預かった投資家としての役割もあるわけだが，この投資家としての役割が果たせなかったのである。このように，一度所有権が私有化された企業もまた銀行・投資ファンドによって資金配分と所有の両面から支配されることになったのである。

第3章では，チェコ共和国が導入したショック・セラピーの中で特にバウ

チャー私有化に焦点をあて，その結果を分析している。私有化はバウチャー私有化方式のみで行われたわけではない。しかし国有大企業・大銀行の私有化（大規模私有化と呼ばれている）は，このバウチャー方式で行われたことから，チェコ共和国における移行期に重要な役割を果たした。このバウチャー私有化の方法自体は，所有権移行の手段としての意味においては効率的であり，悪い方法ではないといえる。しかしこの方法は，所有の平等性を狙った社会主義の残骸の残る非常に政治的色合いが濃いものであったことも事実である。さらに，市場経済的マネジメントの未発達，市場化に適応していない銀行・企業体制および古びた機械設備といった過去の社会主義体制下からの負の遺産の存在もあり，その結果，バウチャー私有化が本来目的としたように株式市場が私有化された所有権を効率的に再配分することにはならなかった。そこでは資本市場が未発達のままであった。そして企業にそもそも不足していた資金がよりいっそう不足していった。その結果，銀行・企業のリストラは進展せず，銀行はさらなる不良債権をかかえこみ，企業は負債過剰に陥るという構造的悪循環が生じてしまった。

　従って，資本市場が未発達のまま導入された私有化は，資金の効率的配分がなされず，持続的成長・発展へと結びついていない結果を生み出した。大企業のバウチャー私有化の結果，国有大企業は数多くの中小企業に分割されたことがデータで明らかであり，さらにそれら私有化された企業の生産性が上がらないにもかかわらずその数は増大している。このことは，企業の倒産の数が少なく，私有化が当初に意図したものとは反対に競争的な市場経済をもたらさなかったことを表している。

　次に，これらの企業の資金調達はどのようになされていたのかという点であるが，これは，4大銀行が投資会社および投資ファンドを通じてそれぞれの株を所有する企業へ優先的に融資しているというヒエラルヒー構造が存在する結果となったことを表している。このようなヒエラルヒー構造下では，市場経済の競争のもとでの資金配分が効率的に行われているとはいえないのである。つまり資金の非効率配分が生じているといえる。そこで，どのようにしたら資金不足であるチェコ共和国でこの構造を改善できるかが次の問題である。つまりチェコ共和国において市場経済をいかにして効率的に作動するようにできるかである。

はじめに

　従来の政策では社会的資金の効率的配分の欠如という構造問題の解決になっていないわけだから，政府の積極的役割が必要ではないか。

　第4章では，いかにしたら構造的問題を解くことができるかという一つの例として第二次世界大戦後の日本の例をあげる。日本では，戦前からの財閥コントロール下の寡占的経済体制から戦後，占領軍総司令部により民主的市場経済体制への移行が実行された。また日本国内にはすでに高い教育レベルを持つ人的資源（労働者はもちろんのこと，企業・銀行経営者）の存在があった。彼らは，財閥解体後，財閥支配から完全に自由になり，また戦時中の政府のコントロールからも解放され行動が自由にできるようになった人材であった。しかも冷戦の開始により単に日本を非軍事化するのではなく同時に日本の経済発展を早急に進めることにより日本を共産主義勢力に対抗するアジアの砦としようとした米国の政策変更に助けられたという面もある。このことを経済発展論からみれば次のようにまとめられる。経済発展にとって必要な労働，資本，そして技術の中で労働に関しては，レベルの高い人材がすでに多く存在していた。資本と技術に関しては不足していたので外国からの援助が必要であったが，これらを与えたのが米国であった。その理由として，日本の経済発展を早急に進めるという目的が基礎にあったとはいえる。

　しかし重要なのは，これだけでなく，このような諸改革と日本の潜在的能力のもとに希少な資金をいかに配分し効率的に競争メカニズムを構築するかの点で日本では，政府の産業政策のもとで，とくに財閥体制から自由になった銀行システムと政府資金の民間企業への導入のため設立された政府系銀行を通じて，高い貯蓄を重点産業へ長期資金として供給することにより，競争市場経済の基を築き，持続的成長・発展へと導いたのである。この点から，チェコ共和国において貯蓄が高いにもかかわらず産業の投資のための融資に結びついていない構造が出現した状況を説明し，その構造の硬直性の除去のための解決方法の一つとして日本の例を示している。

　そこで日本の戦後の一時期の例として資金配分の方法に焦点をあてる。その理由は，チェコ共和国の移行過程から生じた構造的硬直性の問題解決としてやはり資金配分が重要であるからである。そこで，戦後日本の一時期（1950年―1955年）にとられた産業政策のもとでの政策金融を例として分析している。チェコ共和国の体制移行と，日本の戦後の財閥解体を主とした戦

時経済から市場経済への移行との違いは存在し，日本の財閥解体とチェコ共和国の体制移行が直接比較できるわけではない。しかし，チェコ共和国は社会主義体制から市場経済体制への移行をとげ，日本は戦時経済体制から市場経済体制への移行をとげることにより，大なり小なり国家の企業への投資・生産へのコントロールがなくなり自由になったことでは共通点が多い。他方，当時の日本のおかれた国際状況と現在のチェコ共和国のおかれている状況，あるいは戦時経済から自由経済への移行と体制そのものの移行との違いといったように多くの異っている点を指摘することができる。また両国の銀行・企業の機能において，戦時下の日本と社会主義下のチェコ共和国とではすでに初期条件に大きな違いがあった。つまり，日本では企業も銀行もそれ自体十分機能していたのに対して，チェコ共和国ではまだそうではなかった。この点は移行後の結果に影響を与えるが，さらに重要な点は，日本では構造変化を考慮した産業政策がとられ，それを支える銀行・企業がすでに存在していた点である。しかし資本市場の未熟性に関しては両国は類似していた。この状況下でいかにして貯蓄を効率的に銀行を通じて企業に配分していったかを日本の例は示している。

第5章では，戦後日本が政府の産業政策のもとで長期資金融資を政府系銀行およびその他の民間の長期信用融資銀行と共に国民の貯蓄を企業へ配分していったルートを示している。本書では，移行過程の下で成長をとげなければならない諸国が採用できる一つの方法として日本の産業政策の例（1950年－1955年）をあげて分析した。

移行諸国が移行過程のもとでの発展プロセスにおいて直面する構造的硬直性の問題を解決していくためには，ある時期に限って，市場に対する何らかの政府主導的な関与が必要である。その関与の一つの仕方を仮に産業政策と呼ぶとすると，その一例として本書では戦後日本の一時期（1950年－1955年）の経験を示すことにより，それがチェコ共和国における構造的硬直性の解決のための一つの方法ではないかと示唆している。この時期の日本における産業政策は，競争市場メカニズムを確立していくために少ない資金をいかにして銀行を通じて企業へ最も効率的に配分していくかのルートを創ることであった。それは，チェコ共和国が社会主義経済体制下でとっていた産業政策とはまったく違ったものであった。そして移行過程でとりうる産業政策も

はじめに

また市場経済機能が十分に発揮できるに至るまでのテコとしてのものであり，社会主義下で行われた産業政策とは異なったものである。この点では，市場がすでに存在し，そこから生じてくる失敗を補足するための，例えば補助金のような形の市場への政府の介入といった西側発展諸国における産業政策の概念ともまた違って当然である。つまり，移行諸国がこれらの構造的硬直性の問題を発展プロセスのなかでいかに解決または除去していくのかを考えるための政策である。

戦後日本においても，資本市場が未成熟であり，資金循環を効率的に行う銀行の役割が重要であった。1945年―1950年の産業政策のもとで復興金融公庫を通じて戦略的産業セクターに補助金を与えるといった政策金融とは別に，1950年―1955年の日本開発銀行のもとで競争企業への政策金融（もちろん，日本開発銀行は衰退企業への融資も一方で実行していたが，本書ではこの側面ではなく競争企業への融資のみをみている）を分析することが，チェコ共和国の抱える構造的硬直性の問題を解決するための一つの方法であると提案している。本書では，第一に，日本開発銀行を通じての産業政策のもとでの資金配分，第二に，長期信用銀行法（1952年）による通産省・大蔵省による日本長期信用銀行・日本債権銀行・日本興業銀行の3つに限って金融債の発行を認め，特に日本興業銀行が日本開発銀行と協調して産業政策のもとで競争企業へ融資をしていったかを示している。この方法は，政府主導で証券市場・競争市場を創設していくための政策でもあった。

3　チェコ共和国における構造的硬直性の問題解決への一つの提案

第6章では，チェコ共和国における問題を構造的問題としてとらえ，いかにして国内貯蓄を効率的に企業に配分していく構造改革を企業・銀行レベルで進めていけるかを提案している。ここでは，第4章，第5章の日本の例をふまえて，チェコ共和国において構造的硬直性の問題を解決していくために政府の役割が重要であり，その一例として産業政策があり，これを競争メカニズム構築までの一時期に限って実行することを提案している。

そこでまずチェコ共和国における移行前の社会主義体制下での資金循環を

簡単な形で図で示した。さらに，移行後はどのように政府，金融機関，家計，企業の制度が変化したのか，そしてそれらの制度のもとで果してスムーズに貯蓄が資本市場を通じて，あるいは，チェコ共和国のように間接金融主導型の国では銀行を通じて私有化された企業へフローしたのかを簡単な図で示した。そこに示されていることは，まさに資金の流れが効率的に市場を通じて競争的企業に回っていっていなかったということである。さらに，日本の戦後の政府金融機関が主導して商業銀行と協力し，政府の政策の下に不足する資金を回していった制度と比較して表示した。

チェコ共和国では高い貯蓄率にもかかわらず，構造的硬直性の問題の存在から，効率的な資金配分がなされていなかった。資金配分をまだ市場にまかせられない場合，政府主導で政策金融を通じて資金を最も効率的に配分していく方法をここでは採用するが，政府はこれを実行すると同時にタイミングを見計らって少しずつ市場へその役割を譲っていかなくてはならない。これを実行するうえで当時の日本と現在のチェコ共和国との間に存在する大きな違いとして，日本においては，企業家精神（entrepreneurship）がすでに存在しており，企業が活動するためのポテンシャルが存在したが，チェコ共和国においてはそれは，社会主義下において意図的に破壊されていた。つまりこの企業家精神の不足に関しては，社会主義体制から民主主義体制への移行の初期段階では特有な現象であることを考慮しなくてはならない。しかし，当初日本においても企業が持つポテンシャルを生かすため，銀行が資金をいかに最適に企業に配分していくのかといったルートの存在は不完全であった。これは，チェコ共和国に関してもいえることで，国内貯蓄をいかに銀行が効率的に配分していくかのルートは未発達であった。

チェコ共和国政府は1999年5月にこの構造的問題点を解決する政策として再生プログラム（Revitalization Program）を実施した。これは，外国からの資本導入により自国の企業のリストラをはかって企業の負債を解消し，その結果，企業が銀行へ返済することにより，銀行の不良債権問題を解決するという意図を持っていた。しかしこれはすでに失敗であったことが明らかになっている。このプログラムもまた結果的には，企業に一方的に補助金を提供するといった伝統的な産業政策であって，構造問題の解決にはなっていないからである。

はじめに

　戦後の時期，日本においても，銀行がプライス・メカニズムを通じて企業を選択し資源配分をしていくという構造がまだ出来ていなかった。財閥体制下では，財閥銀行は財閥のコントロールの下で企業への融資を指令されていたから，それなりに銀行の融資制度は機能していたが，戦後この指令すべき主体が財閥解体によりなくなったので，株式市場が未熟な段階では，資金を効率的に配分するルートを再構築する必要が生じた。チェコ共和国においても，ショック・セラピー後の構造を見るとき，市場メカニズム（market mechanism）が働くことに大きな信頼をおいてきたわけだが，その市場がまだ未発達で，また同じく銀行がプライス・メカニズムを通じて企業へ融資していく基礎が未だ出来ていなかった。つまり経済発展段階がまだこのレベルであり，そこから生じる構造的硬直性の問題が存在し，それをいかに除去していくかが問題であった。戦後の日本もまた，発展レベルは異なるが，同じように資本市場の未発達と資金配分の効率的ルートの未発達という構造的硬直性の問題を抱えていた。その除去のために政府の役割がありそれが産業政策であった。

　従って，重要な点は，このような企業・銀行の，とくにファイナンスおよびマネジメントの点からリストラを行う構造改革をどのように実行するかである。どのタイプの市場経済体制をとっている国においても，またどの時代においても，金融セクターが国内貯蓄を企業に効率的に配分していき，競争市場を構築し，成長・発展へと導くことが基本的な問題である。ここに戦後日本がいかにして貯蓄を効率的に戦略産業へフローしていったかを，図に示した。このことは，とくに株式市場が未発達であるチェコ共和国においては重要であるといえる。そのために，長期ビジョンを持った政府の役割を重視すべきである。政府，銀行，企業および国民が社会主義体制から民主主義体制への移行を進めるなかで成長・発展をとげていくということを経済全体の構造問題としてとらえて，少ない資金を有効に配分し，競争的市場経済体制をなるべく早くに設立することが重要であることを結論としている。

　最後に，このような産業政策を戦後の改革過程での役割を終えた後も継続してきてしまった現在の日本は，チェコ共和国と同じ次元の問題とはいえないが，銀行の不良債権と企業の負債という構造的問題を抱え，経済成長の停滞という状況にある。日本の場合は，既に1970年国際収支が均衡した時点

でこのような産業政策はやめ，競争的市場経済にまかすべきであったといえる。

第1章　移行諸国の成長・発展に関する異なった見方

1-1　中・東欧移行諸国の成長・発展に対するIMF及び世界銀行の見方

　IMF[(1)]，世銀，OECD[(2)]，EBRD[(3)]すべてが中・東欧諸国における移行において「ショック・セラピー」[(4)]の導入を提案した。ショック・セラピーとは，次の改革手段を徹底的かつ急速に導入することを意味する。第一に，価格，貿易および外国為替相場の自由化の導入。第二に，計画経済体制下の国有構造から市場経済体制下の私有化への移行の導入。そしてその他は株式市場にまかせることにより市場メカニズムが自然に作動しだすと仮定していた。従って政府は市場経済へ介入しなくてよいとなる。

---

(1)　International Monetary Fund: IMF（国際通貨基金）。
(2)　Organization for Economic Cooperation and Development: OECD（経済協力開発機構）。
(3)　European Bank for Reconstruction and Development: EBRD（欧州復興開発銀行）。
(4)　ショック・セラピーは，なるべく急激に自由化，私有化および安定化政策を通じて社会主義体制から市場体制へ移行する手段の最もポピュラーな方法であった。それに対してグラジュアリズムは，体制移行を急激ではなくグラジュアルに進める考え方である。ショック・セラピーは，ポーランドにおいてハイパー・インフレーションに対処するために初めて1990年1月1日に導入された。グラジュアリズムがショック・セラピーの考え方に対して主張するのは，ショック・セラピーはマクロの側面に対してのみ有効であるが，体制のリストラという観点からは有効でないという点である。それに対してショック・セラピーの主張者は，安定政策の急激な導入こそが構造的改革の速度を加速すると主張する。

第1章 移行諸国の成長・発展に関する異なった見方

　このショック・セラピーは，ポーランドの元大蔵大臣バルセロビッチ氏（Mr. Leszek Balcerowicz）により1990年1月1日にポーランドで開始された。このプランは，西側のアドバイザーの下でポーランドの専門家達のチームにより草案された。ここでの西側の主なアドバイザーは，IMF，世銀，OECDおよびEBRDであった。特にIMF，世銀の考え方は，ワシントン・コンセンサス（Washington Consensus）[5]と呼ばれている構造調整パッケージ（structural adjustment package）に基礎を置いている。このワシントン・コンセンサスという名は，IMF，世銀の機関が存在する地名からとったものである。John Williamson（1997）によるとそのワシントン・コンセンサスは次の10ポイントにまとめられている。

1．財政規律（Fiscal discipline）
　　全財政赤字（中央政府赤字に加えて，地方政府赤字，国有企業赤字および中央銀行赤字も含んだ全財政赤字を意味する）を小さく抑え，インフレ税に頼ることなく財政が保たれるようにすべきである。
2．公共支出優先（Public expenditure priorities）
　　公共支出は，政治的センシティブな分野（行政機関，防衛，補助金等）から経済収益性の高い分野および所得分配を改善するポテンシャルを持つ分野といった今まで軽視されてきた分野へと向け直すべきである。
3．税制改革（Tax reform）
　　税制改革は，税基盤を広げることおよび租税管理の改善を意味する。
4．金融自由化（Financial liberalization）
　　金融自由化の究極的目的は，市場により金利決定がなされることである。
5．為替相場（Exchange rate）
　　為替相場は，単一化されるべきであり（少なくとも貿易取引に関して），そして非伝統的貿易分野において成長を誘発するのに十分競争的でありうるレベルに決定する必要がある。

---

[5] ワシントン・コンセンサスとは，IMF，世銀，その他の国際機関が，融資を与える代償として発展途上国にも移行諸国にも同じく強制した一つの政策手段であるショック・セラピーの中身をさしている。

6．貿易自由化（Trade liberalization）

　量的規制は関税により置きかえられるべきであり，さらにこれらも画一的な低い関税率（10％の範囲内）が達成されるまで徐々に下げていくべきである。

7．対外直接投資（Foreign direct investment）

　外国企業の参入を妨げている障壁を廃止すべきである。外国企業は国内企業と平等の立場で競争できるようにすべきである。

8．私有化（Privatization）

　国有企業は私有化されるべきである。

9．経済活動の規制撤廃（Deregulation of economic activity）

　規制は，安全，環境保護，および金融機関の顧問監督（prudential supervision）の確保のためにのみ維持されるべきである。

10．財産所有権（Property right）

　法制度は，法外な代金なしで財産所有権を保証し，かつインフォーマル・セクターへも適用できるようにすべきである。

　　　　　　　　　　　　　　　　　　（出所：Williamson, 1997, pp. 60-61）

　IMF，世銀およびその他の西側のアドバイザー達は，もしこれらの手段がとられ，かつ IMF，世銀およびその他の機関からの融資が配分されるなら，移行諸国においても西側諸国同様に市場経済が機能しだすはずであるという考えかたであった。つまり，IMF と世銀は，市場経済の新古典派的見方[6]があらゆる地域（西側諸国と同じく，発展途上国においても移行諸国においても）において成長と発展をもたらすはずであると予測していた。さらに，銀行私有化を実施し，そこから生じてくる市場にまかせることにより自動的に株式市場の発展を促し，それが競争的資本市場制度を育てていくと考えた。この考え方は，資本資源を最も効率的に企業へ配分する上での政府の役割の必要性を第一義的に否定する。しかしながら，発展途上諸国においても移行諸国

---

[6] 新古典派的見方とは，アングロ・サクソン社会が作り上げてきた市場の諸原理を意味する。この原理は，個人・企業を市場にまかせておけば効率的資源配分がなされ，その結果として自然に成長が生じるという考え方である。この考え方によると，政策主導のために政府の介入は必要ではないことになる。

においても市場経済が未熟である場合にはこの方法が多くのケースにおいて成功したとはいえない。

　J. Stiglitz（1999）（世銀元副会長かつ世銀元チーフ・エコノミスト）は次のように言っている。「ワシントン・コンセンサスは，うまく機能する市場のための基礎の幾つかを与えたにもかかわらずそれだけでは不完全なものであったし，かつ時には誤っていたとさえ言える。この論議において，世銀の東アジアの奇跡（East Asian miracle）プロジェクトはこの論議の中で大事なターニング・ポイントであった。東アジア経済の驚くべき成功は，単にマクロ経済の安定性あるいは私有化のみに依存していたのではなかった。健全な金融制度（この制度の創造および維持に政府の役割は大である）なしでは貯蓄を動員することもまた資本を効率的に配分することも困難である。」この言葉からわかるように，IMFおよび世銀の発展途上諸国および移行諸国の経済発展に関する見方が変化してきたことが伺える。しかしながら，未だにIMFおよび世銀は，移行諸国の経済成長および発展のためのこの見方にそった具体的な政策を与えていない。

1-2　ショック・セラピー導入に対する賛成・反対意見

　ショック・セラピー導入に対しては外国人およびチェコ人の両方に当初の段階から賛否両論が存在していた。賛成意見に関しては，IMFおよび世銀の見方としてすでに述べたとおりである。さらにこの見方が中・東欧諸国における政府および人々の間で主たる移行の手段としてとらえられていた。

　しかし重要なのは，反対意見が当初から存在したという点である。Grzegorz W. Kolodko（1999）（ポーランドの元副首相であり，1994年から1997年まで大蔵大臣であった）は，中・東欧諸国における移行の手段としてのワシントン・コンセンサスに関して次のように述べている。「市場経済への移行は，経済活動の多くの側面を考慮しなくてはならない長いプロセスである。」「ショック・セラピーの導入により市場経済が始動し始めると信じるのは誤っているし，幾つかの場合には問題の解決よりもより多くの問題の原因にもなっている。市場経済導入には必要条件として適切な制度の構造が必要であるので，移行はショック療法的にではなくグラジュアルに進めていかざる

をえない。」「ワシントン・コンセンサスの考え方が旧社会主義諸国の移行そのものを考慮していないにもかかわらず，中・東欧諸国の移行における考え方および行動に大きな影響を与えてしまった。」

Bruno Dallago (2000) は，経済制度の移行期における政府の役割の重要性を強調している。「中・東欧諸国における移行過程において国家の重要な役割が無視されていた。この場合，移行の秩序あるそして生産的結果をもたすための条件が整っていなかったことを意味する。国家そのものの改革をその他の改革以前に行わないということは，その国に大きな社会的コストを課すことになり，歪んだ経済制度（市場経済の意味から）を創り出してしまう。ハンガリー（およびポーランド）とロシア（その他の元ソビエト国家）はそれぞれ国家の改革を行った国とそうでない国のよい例であり，それぞれの移行の結果が示している。」

János Kornai (2000) は次のように言う。「制度の変化により古い制度のメカニズムは崩壊した。しかし新しい市場メカニズムはまだ経済全体に根付いていない。経済成長が持続的であるためには，一つのマクロ政策のみでなく制度改革の深く掘り下げた包括的なプログラムが必要である。」

Frantisek Turnovec (2000) は，チェコ共和国における移行の最初の10年間に関しての考え方を，「制度改革は私有化と同じく重要なものであった。見えざる手によって自動的に市場経済の機能が開始することはありえない。」と述べている。

Marie Lavigne (1999) は次のように言っている。「安定政策と結合した構造改革が経済成長にとって重要である。ワシントン・コンセンサスを基礎におく研究は通常，改革の自由化の部分のみを維持する。金融セクター改革あるいは市場環境育成のための政府の役割といった点は，この考え方の中では論議されない。東アジア金融危機以来ワシントン・コンセンサスは批判されているが，中・東欧諸国はそのワシントン・コンセンサスの考え方をすでに1989年以来導入したが，その結果，持続的成長には導かれなかった。」

1-3 制度的分析

青木・奥野・藤原（1996年）は，移行諸国と東アジア諸国の経済発展に関

して次のように述べている。「中・東欧諸国に関しては，中央集権的計画経済体制から市場経済体制へ移行するにあたって先進諸国とは異なった制度を持った市場経済体制が存在しうることを考慮すべきである。東アジア諸国に関しては，市場経済体制そのものを補完するために政府が介入した。これはまさに先進諸国とは異なった制度を持った市場経済体制の一つのタイプである。制度的分析は，ある国あるいはある地域の成長および発展を考える上でそれらの国，地域における異なった制度を考慮して考えることの重要性を言っている。」

白鳥（1998年）は次のように言っている。「発展途上諸国および移行諸国において市場経済が作動し始められるためには，政府の役割が重要である。中・東欧諸国と発展途上諸国に関しては，市場経済体制を創立するために政府が基本的制度を作らないまま，IMFおよび世銀が提案したショック・セラピーのみの導入では社会主義体制あるいはその他の体制から市場経済体制へ移行することは出来ない。」

東アジア諸国および中国，ベトナムといった移行諸国に関しては，大野健一（1996年）が，「発展途上国でありかつ移行諸国でもある中国，ベトナムはTwo-Track Approachをとることを提案している。このアプローチは，所有権および経営権の私有化・民営化への急激な移行を要求せず，国有セクターは政府の支配下に置きつつ，同時に民間セクターを外国企業とのジョイント・ベンチャー・プログラムを通じてまず推進していくという考え方である。このアプローチは第一に，民間セクターの改善を通じて国有企業の生産性を徐々に増進させていくことを目的としている。同時に，この考え方は農業セクターおよび民間企業セクターの数を増大し，業績の悪い国有企業の労働者達を徐々にそれらのセクターへシフトさせることを試みようとしている。」と述べている。

上記の見方では，通常の発展途上諸国と移行諸国との区別が明確にはなされていない。さらに，中・東欧諸国のように政治体制も経済体制も両方同時に移行したものと，中国，ベトナムのように経済体制のみが移行しているものとは区別しなくてはいけない。

1-4　本書の見方

　本書は，中・東欧諸国，特にチェコ共和国における移行，成長および発展に焦点をあてている。中・東欧諸国の移行過程における主な問題点は，政治体制・経済体制両方における移行が急激に進められたことから生じてきた構造的諸問題をいかにしたら解決できるのか，そして移行直後の民主主義体制下で市場経済の育成をいかにしたら急速に実施できるのかである。この意味において，通常の発展途上諸国における成長・発展とも，また政治は未だに共産党独裁下の諸国における成長・発展とも違うといえる。

　本書は，一国の経済成長・発展分析において構造的問題が強調されているサイモン・クズネッツ（Simon Kuznets）およびワシリー・レオンチェフ（Wassily Leontief）の理論に基礎を置いている。従って，チェコ共和国の移行後の問題点に関しても，それらを構造的問題としてとらえ，その原因とそれへの解決方法を提案している。チェコ共和国における構造的問題点の主な原因としてショック・セラピーの導入を挙げている[7]。チェコ共和国における構造的硬直性の問題点の解決のためには，マクロ経済政策のみではなく政府および金融機関の役割が競争的企業へ効率的に資金配分する上で重要であると考える。

　アングロ・サクソン諸国の成長政策における政府の役割は，その他の先進諸国とも異なっている。さらにそれらは発展途上諸国とも移行諸国とも異なっている。発展途上諸国においても移行諸国においても，市場が未発達である場合，政府の役割は市場経済そのものの成長を速めかつスムーズに発展するように持っていくことが重要である。これらの諸国において仮に政府の役割が無かったとしたら，未発達の経済体制のみが残ることになってしまう。これは発展へとは当然導かないし，以前よりも状況を悪くしさえする結果と

---

[7] ポーランドにおけるショック・セラピーの導入の結果とチェコ共和国における結果とは同じであったとはいえない。移行過程でのそれぞれのおかれた初期条件，歴史的背景，政治・経済の発展レベル，等々といった違いを考慮して考えなくてはいけない。中・東欧諸国の中で2004年5月にEU加盟を果たすポーランド，ハンガリーおよびチェコ共和国を比較してもそれぞれ条件が異なっている。

なる。

 しかし，通常の発展途上諸国と移行諸国とでは成長政策における政府の役割を区別しなくてはならない。発展途上諸国においては（東アジア諸国の例で示すと），基礎的諸要因（インフラストラクチャー，人的資本，市場経済の概念）そのものが未発達である状況においてその経済発展のために政府が介入した。移行諸国，例えばチェコ共和国においては，インフラストラクチャーおよび人的資本はすでに存在していたし，戦前には市場経済体制下での先進国の一つでもあった。しかし移行諸国では（チェコ共和国も含めて），政府それ自体が社会主義体制から民主主義体制へ移行しなければならなかった。この点は，政治体制の移行が移行における基本であった中・東欧諸国にとって絶対的に必要であった。先進諸国の中でも成長政策における政府の役割は異なっているし，ましてや通常の発展途上諸国と移行諸国とでは異なっていて当然である。

 Claudia M. Buch（1996）は，移行諸国における資源の効率的配分のための政府の産業政策の役割に関連して金融機関の重要性を指摘している。彼女は，移行諸国における銀行制度の例をあげて次のように言っている。「銀行制度改革は次の3つの改革分野をリンクするという主な役割を持っている。第一に，銀行改革は金融・財政の安定の成功に密接な関係がある。第二に，銀行改革は市場の自由化および国有企業の私有化の効率性へ影響を与える。第三に，銀行改革は経済の制度上のインフラストラクチャーの分解修理（オーバーホール）に密接に関連している。銀行改革は，特に移行諸国にとって重要である。というのは，中央集権的計画経済体制下では独立の金融制度が存在しなかったからである。」

 彼女はさらに，移行諸国における銀行制度の成功および国内の金融自由化戦略にとって2つの主な目標が存在することを指摘している。第一に，企業が資本ストックを再建するために，移行期間を通じて企業セクターへ財源のフローが維持されていなければならない。第二に，現存する財源は効率的に配分されていなければならない。

 次に彼女は，チェコ共和国，ハンガリー，ポーランド，そしてエストニアにおける銀行改革を分析し，その結果，商業銀行活動および利子率の自由化は必要条件ではあるが，それは企業へ財源のポジティブなフローをもたらし，

かつ効率的資源配分を実現するためにの十分条件ではないということを指摘している。

そして最後に，企業への資金フローと効率的資源配分をもたらすためには，適当なマクロ・ミクロ諸政策が自由化の成果をサポートしなくてはならない，と結論づけている。

そこで本書では，チェコ共和国における構造問題を解決する一つの例として，金融セクターの協力のもとに政府の発展政策を使用して企業への効率的資金配分をとげていった戦後日本の経験を分析する。

1-5 戦後日本経済発展の経験の適用性

戦後日本の経験を例としてあげることの理由は次の点からである。
1) 日本もチェコ共和国も第二次世界大戦以前から市場経済体制が存在していた。
2) 戦後日本においては，戦時経済下での財閥支配から民主的市場経済体制への急激な移行がなされている。
3) 日本もチェコ共和国も教育水準の高い人的資源を持っていた。

しかしながら，1989年にチェコ共和国の置かれた世界状況と1945年から1970年における日本の置かれた世界状況とは明らかに異なっていた。その中の幾つかの重要な点をあげる。
1) チェコ共和国においては，社会主義下にあって40年以上もの間意図的に市場経済体制を破壊してきたという事実が存在する。それに対して日本においては，政府支配の社会主義体制ではなく財閥支配体制であったし，この財閥支配体制が戦時経済においてごく短期間政府によって利用されたのであった。
2) 戦争直後の世界状況とチェコ共和国が今日移行を進めていく中でのグローバル化された世界状況とは異なっている。
3) 日本における国内市場および潜在的金融資源は大きかったのに対して，チェコ共和国においては比較的小さい。

このような幾つかの相異点にもかかわらず，両国において，急激な移行から生じてくる構造的問題点を解決し，競争的市場をなるべく早急に創るとい

う基本的枠組みに関しては共通している。戦後日本の経験を例に，いかにしたら資本市場が未発達な条件下で最も効率的に資本を配分できるか，そして競争的市場経済を創ることができるかを，政府，銀行，そして企業の役割の分析を通じて示す。

1-6　効率的市場創設の必要性

　本書は，市場経済体制への移行過程にある国が，移行から生じる構造的問題の解決と効率的市場創設の重要性を強調することによりいかにして経済成長を促進することができるかを示している。どの手法を使用するかは，移行過程にあるそれぞれの国の初期条件に依存する。例えば，その国の発展レベル，市場経済の歴史的背景，技術および教育レベル等をあげることができる。移行諸国においてこのような初期条件がアングロ・サクソン諸国と異なっているなら，発展した市場がすでに存在していることを初期条件としている新古典派モデルを使用することは不可能である。そこで本書の仮説は，チェコ共和国のように政治・経済両方の移行が同時に生じた国において，移行から生じる構造的問題の解決と競争的市場体制のいち早い創設のために政府および銀行の役割が重要であるという点である。

第2章　中・東欧諸国における移行過程
——チェコ共和国の経験から——

　中・東欧諸国（チェコ共和国を例にとり）の移行から生じる問題点とその解決に対しての分析のために次の重要なキイワードを指摘することができる。それらは，「移行」(transformation)，「自由化」(liberalization)，「安定化」(stabilization)，「私有化」(privatization) である。この章では，1989年以前のチェコ共和国の状況および1989年以後いかに移行プロセスが進行したかを年代順に追ってみる。

2-1　1989年以前のチェコ共和国の状況

　第二次世界大戦以前のチェコスロバキアは，いわゆる西欧諸国と同様に民主的市場経済体制を持つ国であった。しかし戦後から1989年の間はチェコスロバキア（チェコスロバキアは1993年にチェコ共和国とスロバキア共和国の2つの国に分裂した）は，ソビエト・モデルの共産主義体制下にあった。共産党が政治・経済を支配し，国全体を支配しており，1968年には「プラハの春」と呼ばれる自由化の試みがあったが，ワルシャワ条約機構 (Warsaw Pact)[8]諸国による軍事介入により踏みにじられてしまった。

　1989年以前のチェコスロバキアにおけるソビエト・モデルの基本的体制は次の点で示すことができる。第一に，経済も政治も共産党により支配されていた。第二に，基本的生産手段はすべて国の所有・経営に基礎を置く経済制度であった。第三に，強制的な中央計画が経済メカニズムの主なコーディ

---

[8]　1955年に旧ソビエト連邦の主導のもと中・東欧諸国により創立された軍事的および政治的機構。

ネーターであった。外国貿易においては，特別国家機関が諸外国との貿易の権限を持っていた。これらの貿易機関は外国貿易省あるいは産業省に属していた。

貨幣および銀行は存在したが，貨幣のオペレーションは存在しなかった。中央計画経済体制下においては物量が指標として採用されていた。例えば製造業における機械産業であれば，単位としてメトリック・トンが使用されていた。ここで貨幣は，物量収支をグローバルなマクロ経済収支に総計するための勘定単位としてのみ使用されていた。価格は管理されており，計画目標が実際の生産量に優先し，企業の存続はその利潤に依存するのではなく，いかに計画目標を中央当局とうまく交渉できるかといった能力にかかっていた。また，貨幣を発行し，唯一の金融機関であった国家銀行（state bank）の役割は，主に勘定機能であった。国家銀行下の地方ブランチ・ネットワークが計画目標の実行を企業レベルで監視した。各企業は，地方ブランチに口座を持つことが義務づけられており，その口座を通じてのみすべての支払いがなされていた。一方，家計のほうは，預金銀行に預金口座を持つことが許されており，支払いは紙幣あるいはコインでしなくてはならなかった。

図1は，チェコ共和国におけるソビエト・タイプ・モデルの社会主義体制の移行過程のフロー・チャートを示している。1989年にその体制の崩壊が生じ，自由化，安定化政策，および私有化を通じて民主主義体制へ移行した。

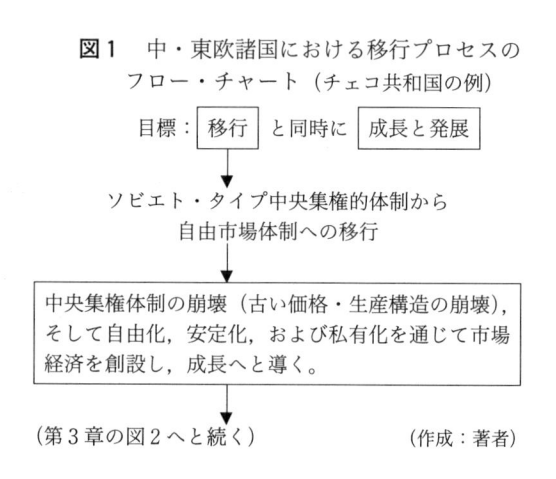

図1　中・東欧諸国における移行プロセスのフロー・チャート（チェコ共和国の例）

目標：　移行　と同時に　成長と発展
↓
ソビエト・タイプ中央集権的体制から
自由市場体制への移行

中央集権体制の崩壊（古い価格・生産構造の崩壊），
そして自由化，安定化，および私有化を通じて市場
経済を創設し，成長へと導く。

（第3章の図2へと続く）　　　　　　　　　（作成：著者）

2-2　1989年以後のチェコ共和国の「移行」[9]

　ここで「移行」とは，体制の変化と定義される。1989年の中・東欧諸国における移行とは，今までの古い中央集権的統制体制の政治的および経済的両面の完全な崩壊を意味している。経済的側面からは，今までの中央集権的統制価格および生産構造の崩壊を意味し，自由化，安定化，そして私有化に代表される市場経済体制下での価格および生産メカニズムの導入を意味した。

　次に，このプロセスがいかに進行したかを時間を追って述べる。第一に，1989年から1994年に導入された移行プログラムによる安定化の構築。第二に，1990年から1997年までの安定化プログラムの主な方法。第三に，チェコ共和国における私有化過程の主な方法。

　1）　1989年から1994年に導入された移行プログラムによる安定化の構築
　移行の主な方法はショック・セラピー（shock therapy）である。マクロ経済安定政策（緊縮金融・財政政策）が1991年1月に導入された。価格の自由化も1991年1月に導入されたが，1993年から1994年のGDPの約5％程度をカバーする部分は価格統制がまだなされていた。

　さらに私有化に関しては次のいくつかの方法がとられた。
○国有化以前の所有者への返還（1990年10月に法律設定，1991年2月に実施）
○土地の私有化（1991年6月実施）
○小企業の私有化（1990年10月に法律設定，1991年に実施され，1992年に完了）
○大企業の私有化（1991年2月に実施され，1994年に第二ラウンドの実施）

　ここで私有化の主な機関は，チェコ私有化省（Czech Ministry of Privatization）および国有資産基金（National Property Fund: NPF）であった。

　銀行改革（二元的銀行体制の構築）は1990年に行われ，銀行法は1991年に設立された。一元的国家銀行であったのが，チェコ中央銀行とその他25の

---

[9]　通常tramstionを「移行」と訳し，transformationを「転換」と訳すが，本書では両方の意味を含めたものとして使用している。

商業銀行（外国銀行は含まれていない）に分裂し，二元的銀行体制へと移行した。資本市場創設のために株式市場を開設した。その結果チェコ共和国に2つの証券取引機関が出現した。一つはプラハ株式取引所で，もう一つがRMシステム（RM System）[10]と呼ばれているものである。プラハ株式取引所は1993年4月にオープンした。RMシステム，つまりRM電子取引制度（周期的な私有化オークション）は，バウチャー私有化と類似した取引ラウンドを基礎に，誰でも直接にアクセス可能なコンピューター・ネットワークを通じで機能する電子取引制度である。さらに経済をオープンにしていくため，貿易の自由化，単一為替レートが設立され，その設定に基づいて1991年から導入された。国際機関との関係は，1993年10月にEU[11]との間に連合協定（association agreement）を結んだ。1990年にはIMFのメンバーになり，GATT[12]に関しては1948年の創立者のメンバーの一人であった[13]。

2）1990年から1997年までの安定化プログラムの主な方法

安定化政策プログラムの導入は，1991年1月1日に行われた。家賃とエネルギー価格を除くその他ほとんどの財において1991年末に価格の規制緩和がなされた。為替レートは固定され，1991年から1996年の間安定していた。1996年2月以降プラス・マイナス7.5％の変動幅範囲でドル，ドイツ・マルクといった主要通貨のバスケットにペッグされた。そして1997年5月には自由変動相場へ移行した。租税制度に関しては，1991年1月以降付加

---

[10] RMS（Registracni Mista-System）：Registration Points-Systemの意味であり，チェコ共和国全土にはりめぐらされた登録ポイントのネットワークであった。バウチャー私有化のもとで企業の株式入札の意志のある者は，入札者として登録する必要があった。RMSが1つの方法でありもう1つの方法は全土に存在する郵便局を通じてのネットワークであった。RMSはバウチャー私有化が終了した後もその名を変えないままコンピューター化した株式取引所を運営しはじめた。すべての株式売買は，コンピューター・ネットワークを通じて行われている。従って現在チェコ共和国では，プラハ株式取引所で行われる通常のブローカーによる売買方式とこのRMSの方式の両方が存在する。

[11] European Union: EU（欧州連合）

[12] General Agreement on Tariffs and Trade: GATT（関税と貿易に関する一般協定）

[13] *Economic Survey of Europe in 1990-1991, 1991-1992 and 1992-1993*, Economic Commission for Europe, New York and Geneva: United Nations.

価値税の最大レートは23％であったが1995年以降引き下げられた。個人の所得税は1997年には15％と40％の間にあり，法人所得税は1996年以降39％から35％へ下げられた[14]。

3) チェコ共和国における私有化過程の主な方法

民間セクター創立の主な方法：

○ グリーン・フィールド投資（新しく工場・企業を設立する）
○ 国有企業を新しい所有者へ移行するかあるいはバウチャー私有化を通じて国有財産を国民に返還する。
○ 国有資産の下で法人化し，市場経済タイプの経営導入。

1．私有化機関

○ 私有化省：政府の支配下で一般的私有化政策を適用する。まずどの企業を私有化するか決定する。企業により提供された私有化プロジェクトを調査する。私有化のための法律制定に参画する。
○ 国有資産基金（National Property Fund: NPF）：私有化されていないかこれからも国有財産として残る国有資産の経営にあたる。さらに国有企業のリストラをする。

2．小規模私有化（小規模企業，特にサービス・セクター，住宅，土地）

○ 国有化以前の所有者への返還。
○ 国有資産の整理：国有企業の閉鎖，オークションによる売却，雇用者あるいは経営者への売却（住宅・土地として分け与えてしまう）。
○ 私有化の資金：国内資金および国外資金。

3．大規模私有化（大企業，サービス企業，銀行）

○ バウチャー私有化。
○ 国民へ直接売却。
○ 外国投資家への直接売却。

この方法の中で一番大きい割合を占めたのがバウチャー私有化であった。次にそのバウチャー私有化の利点とマイナス面をみてみる。

---

[14] *Economic Survey of Europe in 1992-1993 and 1993-1994*, Economic Commission for Europe, New York and Geneva: United Nations, Country Economic Surveys (OECD).

第2章　中・東欧諸国における移行過程

バウチャー私有化
- 利点：原則的に国民の財産であったものを国が取り上げていたのであるから社会主義体制下の不正を正すという道徳的観点から取られた方法であった。株式を平等に人々に還元するという方法がとられた。これは敏速に各人平等に株式を還元するという点で，資金もいらないし政治的サポートも得ることができて大変よい方法と考えられた。
- マイナス面：投資ファンド（Investment Privatization Funds: IPFs）による投機リスクの存在。経営問題。企業のリストラへの無関心[15]。

　移行過程の初期の段階では，中・東欧諸国において上に述べた移行手段をどのような順序で導入したらよいのか，あるいはその導入のスピードはどうしたらよいのかといった議論が盛んであった。しかしながら，移行が進んでいくうちにこれら両方とも密接に関連しあっていることがわかってきた。

　順序に関しては，安定化政策と価格および貿易の自由化政策は同時に導入されなくてはならないし，国有企業・銀行の私有化が必要であり，どの順序で導入するかが主な問題でなく，それぞれの国の政府がこれら移行に関する手段を同時に導入していく能力を有し信頼を得ているかにかかっている。

　スピードに関しては，ショック・セラピーかグラジュアリズムかが多く議論されたが，どちらの方法をとるかはそれぞれの国の持つ初期条件により決定されるものであり，一律に言えるものではない。例えばポーランドにおいては，1990年にすでにハイパー・インフレーションに対処する必要があったため即座にショック・セラピーをとったが，ハンガリーにおいては，状況がそう緊迫していなかったせいかグラジュアルリズムがとられた。チェコ共和国においては，当時の状況下でショック・セラピーが本当に必要であったのかは疑問であるにもかかわらず導入された理由として政治的な点があげられる。これは，急激に過去の社会主義体制のすべての制度を崩壊させることで国民の支持を得ようとしたことが大きな理由の一つであったといえる。

2-2-1　自由化政策（価格，貿易，その他国家支配からの自由化）

---

[15] *Transition Report 1997, Enterprise Performance and Growth*, London, European Bank for Reconstruction and Development, 1997.

中・東欧諸国における1989年以後の自由化とは，価格および貿易の自由化，さらにあらゆる国家支配からの自由化を意味した。つまり，中央集権体制が持つ基本的弱点であったインセンティブと情報の欠如の問題解決に基本から取り組もうとした。

チェコ共和国もポーランドと同じく自由化を急激に進行させた。ほとんどの価格の自由化を進め，ほとんどの貿易障壁を撤廃し，国家の貿易独占を取り除き，そして自国通貨を1990年1月には一気に交換可能にした。しかしながら，エネルギー，家賃，公共運賃は価格は自由化されず低く抑えられ，その差額が補助金によって補われていた。

2-2-2　安定化政策（マクロ経済安定政策）

インフレーションは一般的にその時の改革の段階にそって3つの段階で推移したといえる。第一に，自由化の初期段階においては，中央計画経済体制下で蓄積していた貨幣超過供給と物不足が原因で生じたインフレーション。第二に，企業への補助金の急激なカットおよびコントロールされていた価格の自由化が原因で生じたインフレーション。第三に，為替レート政策と資本移動に関連して生じたインフレーション。

1989年以降チェコ共和国で導入された安定化政策とは，伝統的新古典派アプローチを通じてインフレーションを減少させ，国内不均衡および対外不均衡を減少させることを意味していた。この安定化政策は，1991年1月1日に中央銀行の金利上昇および銀行融資規制による金融引締め政策を通じて導入された。さらに，増税および政府支出削減を通じて政府予算を均衡させようとする財政政策も導入された。一般的に移行諸国にとっては安定が致命的であった。マクロ経済的不均衡は，市場改革から得られる利益をその国にとって無意味なものとしてしまうからである。高いインフレーションは相対的な価格インセンティブを減らし，不安定性を創り出し，預金・投資を抑制させてしまう。

しかしながらチェコ共和国においては，ポーランド，ハンガリーと違って，ハイパー・インフレーションも高い国内不均衡も対外不均衡も見られなかった。それにもかかわらずショック・セラピーが導入された結果，1997年以降はチェコ共和国において一貫して経済成長は鈍化してきた。はたしてチェ

コ共和国においてはこのような急激な安定政策が必要であったのかどうかという問題が浮かび上がってくる。

その代わりにミクロレベルでの政府の発展政策の導入がより必要であったのではないだろうか。この問いに対して，チェコ共和国において現実に導入されたのはマクロレベルでの急激な安定政策のみでなく，構造改革の手段としてミクロレベルでは，政府の発展政策を基礎にした政策とはまったく異なった，株式市場および資本市場がすでに存在することを前提としたバウチャー私有化であった。

2-2-3 私有化政策（バウチャー私有化政策，voucher privatization: v. p.）

チェコ共和国における構造改革の手段としてとられたのは次のような政策であった。
1．所有権の民間への移行および国家独占の終焉，自由競争ルールの導入，企業設立のための市場への自由参加および自由な労働市場の実現
2．銀行および金融セクター改革および税制改革

表2-1　チェコスロバキアにおけるバウチャー私有化（v. p.）

	チェコ共和国	スロバキア共和国	連邦	合計
V. P. 下の総企業数	943	487	62	1492
これら企業の総帳簿価額 （10億チェコ・クラウン）	362,2	133,6	72,8	598,6
これら企業の総株式額 （10億チェコ・クラウン）	323,1	114,4	25,4	463,0
バウチャーをつうじて再配分される総資産価値 （10億チェコ・クラウン）	200,8	85,1	13,5	299,4
これら企業の雇用者数 （1000単位）	864,4	344,2	49,8	1258,4
これら企業の生産高 （10億チェコ・クラウン）	592,9	196,3	112,9	902,1
これら企業の利潤額 （10億チェコ・クラウン）	67,8	15,5	22,6	105,9

出　所：Mejstrik Michal, Burger L. James: *The Czechoslovak Large Privatization*, Working Paper No. 10, July 1992, CERGE (Center for Economic Research and Graduate Education), Charles University.

3．社会的セーフティ・ネットの設立
4．市場経済構築を目的とした政府の政策

　この構造改革の手段の中で，所有権の民間への移行において国有大企業私有化のためにとられた3つの主な方法は，1)外国投資家への売却，2)国内資本への売却，3)バウチャー私有化プログラムを通じて国有大企業の株式を国民へただ同然で与える，といった方法であった。この中で本書ではバウチャー私有化に焦点をあててみていく。

　表2-1は，私有化プログラム全体においていかにバウチャー私有化の方法が重要な役割を占めたかを示している。というのは，チェコ共和国において私有化が許可された企業の総帳簿価額 (362,2) の90％は株式会社に移行し，これら企業の総帳簿価額の55％がバウチャー私有化によって移行したことがわかるからである。このようにみてくると，バウチャー私有化の方法は国有大企業の私有化の手段として重要な役割を果たしたことがわかる。

　バウチャー私有化の方法が使用された主な理由は，移行後の政府が元共産主義体制下の経営者達からなるべく早くに国有企業を取り上げたかったからであり，この点は国民からのサポートも大きかった。バウチャー私有化の基本的な考え方は，国富の国民への平等な無料分配であった。政府はこの方法が社会的に公正であると信じていた。というのは，国民全員に平等に同じ機会が与えられたからである。同時に政府は，バウチャー私有化の方法で国富が最も有能な人々の手にわたるものと信じていたし，その結果，競争を促進しかつ経済成長をもたらすと期待していた。

　国有財産とその私有化の管理省 (Ministry for Administration of the National Property and its of Privatization: MANPP) が，どの国有企業が私有化されるべきかの決定を下す。そしてそれらの企業は，MANPPに従属しかつ監査されている国有資産基金 (National Property Fund: NPF) に渡される。NPFは，それら企業がどの方法で私有化されるのか，あるいは倒産させてしまうのか，あるいはNPF内にシェアを残しておくのかといった決定をする。ほとんどの国有大企業は，バウチャー私有化の方法で2つの段階により私有化された。第一段階は，比較的パーフォーマンスの良い企業を私有化し，第二段階では，その他の企業を私有化するという方法であった。

　このバウチャー私有化が具体的にどのように行われたかを次に述べる。[18]

歳以上のチェコ人であればだれでも，1000ポイントからなる1冊のバウチャー冊子（1000チェコ・クラウンの収入印紙を貼る）を1935チェコ・クラウン（約35USドルで，当時の月平均賃金の約4分の1にあたる）で郵便局で購入し登録することができた。このバウチャーを人々はそれぞれの好む私有化された企業へ投資することができた。問題は，基本的考え方では個々人が投資家であることを前提としていたが，現実には彼らが得られる個々の企業に関する情報も不十分であったし，個々人には投資家としての準備は整っていなかった。そこで多くの人々は，投資ファンド（Investment Privatization Funds: IPFs）にバウチャーを委託する方法を選んだ。

それでは，私有化される国有企業はどのようにして株式化されていったのであろうか。まず政府は，国有企業の全株式を私有化することにより国有株式会社に転換させて，その株式を民間に売却していくという方法をとった。この民間に売却する方法(16)の中の一つがバウチャー私有化である。この方法は，国有株式会社の株式を国民が購入したバウチャーを持って購入することができるというものである。国民がどの国有株式会社の株式を購入するかの決定は，個人でもよいし，投資ファンドに委託してもよいわけである。

どのように国有株式会社の株式を売却していったのか。まず第一に，企業が売却予定の株式数を公表する。それに対して第二に，個人あるいは投資ファンドが注文をだす。株式は名目価格1000チェコ・クラウンで売り出される。それに対して株式の注文が入る。もしその企業の株式の人気があって需要が集中すると株価が引き上げられ，最初からまたプロセスが始まる。第三に，注文の中央への集計がなされ，第四に結果の発表が行われる。

では実際にこのバウチャー私有化自体はどのように進展したのであろうか。バウチャー私有化の第一段階初期（1991年11月—12月）においては，人々の関心はあまり高くなかった。しかし1992年1月に投資ファンドが創立され，個々の投資家達の選択を助けるようになった。多くの投資ファンドは大銀行によって設立された特別公開有限責任会社であり，保険会社，コンサルタント会社，その他多くの私有化された企業によっても設立された。これらの投

---

(16) 国有株式会社の株式の民間への主な売却方法には，直接売却，一般競売，バウチャー私有化の方法がある。

資ファンドは，人々にもし彼らの持っているクーポンを投資ファンドに投資するなら何倍にもして利益を返還することを約束したりした。人々は，1992年から始まった大私有化プログラムから彼らのクーポンを投資ファンドに委託し始めた。しかしこのバウチャー私有化の方法は，意図したように株式市場を通じての競争および経済成長を促進することはなく，かえって企業の負債問題および銀行の不良債権問題を生じさせた。この点に関しては第3章で分析する。

第3章 チェコ共和国における移行過程の結果

本章では，IMF および世界銀行の構造調整パッケージモデルである自由化政策，安定化政策およびバウチャー私有化を通じてのショック・セラピーにより代表される移行過程の結果を分析する。そして，これら手段により私有化された企業・銀行がリストラを通じて持続的経済成長をもたらしたのかどうか検討する。

ショック・セラピーの結果は，次のフロー・チャートに沿って各ポイントの説明を行っていく。

図 2[17] **チェコ共和国における自由化政策，安定化政策，そしてバウチャー私有化**

自由化政策および安定化政策の結果，インフレーション抑制には成功したが持続的成長の維持には失敗，その理由としてバウチャー私有化の結果をみると，

↓

銀行と企業間でのヒエラルヒー的所有構造
銀行と企業の経営問題
私有化さた企業は，株主への支払義務からさらに資本不足が生じた。

このようなヒエラルヒー的構造の出現と，私有化された企業・銀行はそれぞれ負債と不良債権を負っており，このような状況下でもし商業銀行のみに融資を任せておくと，移行のインパクトの大きいセクターへ必ずしも資金融資が行われない。

↓

いかにしてバウチャー私有化の結果生じてきた問題を解決し，持続的成長・発展へと導くことができるか。

↓

自由化政策，安定化政策およびバウチャー私有化導入後も存在した主なボトルネックは，次の点である。

第3章　チェコ共和国における移行過程の結果

1. 資本市場が未発達である。
2. 銀行における不良債権および企業の負債の出現。
   （私有化された企業における資本不足および銀行の不良債権）
   （企業内での負債の出現。親会社は子会社に支払わず，またその下部の子会社に支払わずというようになり，完全な企業の負債のチェーンができあがってしまった。）
3. 黒字主体から赤字主体への資金循環が効率的に機能していない。

なるべく早急に競争的市場経済体制を創り出すためには，どのような方法があるのか？

金融問題に関しての企業のリストラが必要。
黒字主体から赤字主体への資金循環を効率的に配分することが最も重要。

　多くの初期条件が異なるなか，チェコ共和国と戦後日本において政府の役割および銀行がいかにして資金を最も効率的に黒字主体から赤字主体へ配分してくかという点の重要性は，両国にとって共通していると考える。戦後日本においては，占領軍総司令部下，安定政策のみでなく発展政策も同時に導入していった。本書では，日本においてなるべく早急に競争的市場創設のために導入された産業政策，特に1950年から1955年を中心に分析していく。

3-1　自由化政策および安定化政策導入の結果

3-1-1　インフレーション・失業率

　社会主義計画体制から市場経済体制への移行は，特に次の理由からインフレーションを増大させた。

1) 価格と貿易の自由化は，財の価格を上昇させた。というのは，社会主義体制下の経済は慢性的不足の経済[18]であり，常に需要が供給を上回っていたからである。
2) 国有企業の私的所有への私有化は価格を上昇させた。というのは，新しく私有化された企業は生産を即座に始めるわけにはいかず，さらに国有企業の倒産は生産を減少させたし，全体的に資本が不足していた。これらの理由は需要と供給のギャップをさらに広げることとなった。
3) 公的所有機関の私有化により，政府がすべての価格を決定するという

---

[17] 図2は，第2章の図1からの続きである。
[18] これを分析した著が，János Kornai, *Economics of Shortage,* North-Holland, 1980である。

3-1 自由化政策および安定化政策導入の結果

　　役割がなくなり，これもまた価格の上昇の原因となった。
　4) 外国製品の輸入により，人々はよりよい質の製品を買うことができる
　　ようになったため，国内製品より価格は高くとも購入した。というのは，
　　まだ不足の経済が存在していたからである。
　このように発生したインフレーションを抑えるために安定化政策が導入された。安定化政策の直接の効果について，1990年から1993年とその後の1994年から1999年に分けて検討してみる。

　1990年から1993年（1990年から1992年のデータはチェコスロバキアであり，1993年からはチェコ共和国のみである[19]）：
　政府は1989年革命直後に，チェコスロバキア通貨であるコロナを交換可能通貨に対して20%切り下げ，ルーブルに対しては10%切り上げた。1990年には予算引締め政策をとり，市場経済の導入および西欧諸国への統合をめざすことを宣言した。
　1年間の準備の後，政府は移行手段の主なものを導入しだした。1990年にはコロナを米国ドルに対して約64%切り下げ，1991年1月1日には西欧5カ国（特にドイツ・マルクおよびUSドル）からなるバスケットにペッグした。生産者および消費者物価の85%を自由化した。
　中・東欧諸国において一般的に緊縮財政政策を通じて財政赤字は1991年および1992年においてGDPの3%以下を記録した。チェコ共和国においては，1991年にGDPの2.1%の赤字を生じ，1991年にはGDPの0.2%の赤字となり，1993年および1994年には均衡予算を維持した。1993年1月には法人・個人所得税と付加価値税が導入された。
　これらの結果，インフレーションはどのように進行したのであろうか。
　1990年においては，安定化政策実施のためM_2は0.5%のみ増大したが，消費者物価および生産者物価は，それぞれ10.0%および16.6%増大した。1991年1月に導入された大規模価格自由化により，M_2は制限的にではあるが27.3%に増大することができた。一方，消費者物価および生産者物価は

---

[19] チェコスロバキアは，1993年1月1日にチェコ共和国とスロバキア共和国に分裂した。

第3章 チェコ共和国における移行過程の結果

表3-1 貨幣供給と価格（年率変化） （％）

	1990	1991	1992	1993
M_1	－6.4	28.8	15.8	18.2
M_2	0.5	27.3	20.3	20.4
消費者物価指標（CPI）	10.0	57.9	10.9	20.8
生産者物価指標（PPI）	16.6	54.8	8.4	13.1

出所：Czech National Bank and the Czech Statistical Office.
Note：Data for 1990-92 refer to Czechoslovakia and data for 1993 refers to the Czech Republic.

57.9％および54.8％にそれぞれ増大した。従って1990年および1991年には経済は重要な貨幣規制を実質タームで経験したことになる。1991年第二四半期における消費者物価および生産者物価の事実上の安定の後，中央銀行は1992年には金融政策を緩和し，M_2は20.3％になり，消費者物価および生産者物価は10.9％と8.4％にそれぞれ増大した。M_2は1993年には消費者物価の上昇率20.8％を反映して20.4％になり，生産者物価の上昇率13.1％をはるかに超えていた（表3-1）。

1991年におけるインフレーションの急激な増進は，多くの財価格の自由化を一挙に進めたことが原因であった。さらに1993年のインフレーションもまた急激な自由化政策，緊縮予算の実施，チェコ・コロナの切下げによるといえる。重要な財の価格，例えばエネルギーあるいは住居等は，部分的に未だにコントロールされていることから，抑えられたインフレーションがまだ存在していることを示している。

次に1992年の失業率をみると，スロバキア共和国では10.3％であったのに対してチェコ共和国においては2.6％と低めであった（表3-2）。チェコ共和国がスロバキア共和国と比較して失業率が低い理由としては，いくつかの点を挙げることができる。チェコ共和国においては積極的な労働政策がとられ，元国有企業労働者の，新規に設立されたサービス産業セクターへの再教育がなされた点。さらには，チェコ共和国においてはスロバキア共和国に比較して小規模セクターが急速に増大した点。小規模セクターは，比較的労

3-1 自由化政策および安定化政策導入の結果

表 3 - 2 　移行諸国における失業率　　　　　　　　(％)

	1990	1991	1992	1993
チェコ共和国	0.7	4.1	2.6	3.5
スロバキア共和国	1.5	11.8	10.3	14.4
ブルガリア	1.5	11.1	15.3	16.4
ハンガリー	2.5	8.0	12.3	12.1
ポーランド	6.5	11.8	13.6	15.7
ルーマニア	−	3.0	8.4	10.2

出所：Czech National Bank, Czech Statistical Office, World Bank.
Note：Data refer to the end of each year.

働集約的であり，元国有企業からの労働者を多く吸収した点。1992年の失業率をハンガリーの12.3％，ポーランドの13.6％と比較しても，チェコ共和国の値は非常に小さかったといってよい。

　これは，チェコ共和国において雇用政策が功を奏したことを意味する。しかし同時に，中・小企業[20]には元国有企業の労働者が多く移行したわけであり，その非効率性にもかかわらず温存されてしまったという点を指摘しなくてはならない。他方ハンガリーおよびポーランドにおいては，私有化された企業の倒産が日常茶飯事のように生じており，従って失業率は増大したが，両国では企業のリストラを通じて工業生産は1991年以降改善され始めた。

1994年から1999年：
消費者物価が1994年には9.7％に，1995年には7.9％に下落し始めた（表3-3）。これは，移行初期段階にチェコ当局により導入された安定化政策の金融引締め政策のためであると考えられる。チェコ中央銀行（Czech National Bank: CNB）は政府からは独立であり，金融政策の実施に責任がある。しかしながら，消費者物価は1996年に8.6％，さらに1997年には10.0％に上昇し，これが1997年4月の通貨危機へと導いた。これは，チェコ中央銀行が1991年以来守ってきたチェコ・コロナの固定為替相場制度に対する投機家

---

[20] 小規模企業は，社会主義体制下においても機能していた私有企業である。

第3章 チェコ共和国における移行過程の結果

表3-3 消費者物価（年率変化，％）

	1989	1990	1991	1992	1993	1994	1995	1996	1997	1998	1999
チェコ共和国	―	10.0	57.9	10.9	20.8	9.7	7.9	8.6	10.0	6.8	2.5
ポーランド	640.0	289.0	60.4	44.3	37.6	29.4	21.6	18.5	14.5	11.8	7.3
ハンガリー	17.0	33.4	32.2	21.6	21.1	21.2	28.3	19.8	17.0	14.3	10.0

出所：EBRD (1998), National Statistics, Bank Austria Economic Department East-West Report (2000).

達による攻撃の結果であった。国際収支赤字の経常勘定の増大はその攻撃をさらに促進する結果となった。1997年にはコロナはすでに完全に交換可能通貨であったせいもあり，その攻撃を以前よりもたやすくした（銀行の元頭取へのインタビューから，2001年）。

通貨危機に対処するために，政府は安定化政策を1997年5月に導入した。これは，チェコ中央銀行が銀行・企業のためにインフレーション・ターゲットを決定すること，さらに緊縮金融政策および緊縮財政政策を行っていくことを含んでいた。この緊縮マクロ政策の結果，インフレーションは1998年には6.8％に，1999年には2.5％に下落した（表3-3）。

従って，移行初期段階での結果は高いインフレーションであったが，緊縮金融・財政政策のもとで国内補助金圧力を封じ込めることによりインフレーションを下落させることに成功したといえる。

チェコ共和国における1990年から1999年間のインフレーションの推移を，ポーランド，ハンガリーと比較している（表3-3）。ハンガリーは，制限付き価格調整を1990年以前にすでにとっていたため，少々状況が異なり，ポーランドとの比較のほうが可能である。ポーランドにおける移行初期段階のハイパー・インフレーション（1990年では289.0％，1991年では60.4％）を比較すると，チェコ共和国における1990年から1999年間のインフレーションは，比較的安定していた（1991年を例外として）。従ってチェコ共和国のGDP下落原因の一部は，このいきすぎたマクロ経済安定政策にあったともいえる。しかし特に1997年以降の経済成長の下落は，その他にも幾つかの要因があるはずである。この点をさらに本章で検討していく。

チェコ共和国における失業率は1994年から1996年まで低く抑えられていたが，1997年以降から今日まで増大してきている。これをハンガリーおよ

表3-4　失業率（平均年率変化，％）

	1994	1995	1996	1997	1998	1999
チェコ共和国	3.2	2.9	3.5	5.2	7.5	9.4
ハンガリー	10.9	10.4	10.5	10.4	9.6	9.6
ポーランド	16.0	4.9	13.2	10.5	10.4	13.0

出所：ECE/UN (1998), *Economic Survey of Europe*, New York and Geneva: United Nations. WIIW Database from 1998 to 1999.

びポーランドと比較すると，チェコ共和国のほうがまだ低いが，チェコ共和国においては失業率がコンスタントに増大してきているのに対して，ハンガリー，ポーランドにおいては1994年以来減少傾向にある（表3-4）。

3-1-2　GDP成長率

1990年から1993年の推移：

チェコ共和国における実質GDPは，1991年にマイナス11.6％に減少したのをピークに，1992年にはマイナス0.5％に回復し，チェコスロバキアが1993年1月1日にチェコ共和国とスロバキア共和国に分裂後，チェコ共和国はGDPの減少を0.1％に抑えることに成功した（表3-5）。

チェコスロバキア，ハンガリー，ポーランドの工業生産と粗固定投資の変化を1989年から1992年の間で比較することができる。工業生産および粗固

表3-5　実質GDP年率変化　　　　　　　　　　　（％）

	1985-89	1989	1990	1991	1992	1993
チェコ共和国	2.3	4.5	-1.2	-11.6	-0.5	-0.1
スロバキア共和国	2.4	1.1	-2.5	-14.0	-7.0	-4.7
ブルガリア		-3.3	-9.1	-11.7	-5.7	-4.2
ハンガリー		0.4	-3.3	-10.2	-5.0	-1.5
ポーランド		0.2	-10.5	-7.5	1.5	4.0
ルーマニア		-5.8	-5.6	-12.9	-13.6	1.0
ロシア			-2.0	-9.0	-13.6	-16.0

出所：Czech National Bank, EBRD, IMF, OECD, World Bank.

第3章 チェコ共和国における移行過程の結果

表3-6 中・東欧諸国とソビエト連邦における工業生産・粗固定投資

(前年比, %)

	工業生産				粗固定投資			
	1989	1990	1991	1992	1989	1990	1991	1992
ブルガリア	2.2	−12.6	−23.3	−22.0	−10.1	−18.5	48.6	
チェコスロバキア	0.8	−3.5	−21.2	−18.0	1.6	7.7	−32.3	
元-GDR	2.3	−28.0	−50.0		0.9	−5.7	33.5	
ハンガリー	−2.5	−4.5	−19.1	−13.1	5.1	−8.7	−11.0	
ポーランド	−0.5	−24.2	−11.9	−0.6	−2.4	−10.1	−4.4	
ルーマニア	−2.1	−19.1	−22.7	−23.5	−1.6	−38.3	−28.8	
ユーゴスラビア	0.9	−10.3	−19.0		−1.5	−13.7	−23.5 (2)	
中・東欧諸国	0.2	−15.2	−19.6		−1.5	−14.0	−23.5	
ゾビエト連邦	1.7	−1.2	−8.0 (2)		4.7	−4.3	−7.0	

出所: UN Economic Bulletin for Europe 43 (1991).
(1) From UN Economic Survey of Europe, 1992/1993.
(2) Goskonstat projection.

定投資の両方においてチェコスロバキアは, ハンガリー, ポーランドに比較して1989年から1990年の間においてよりよい成績であった。そして1991年と1992年から緊縮予算政策を反映してかスローダウンしだした。ハンガリー, ポーランドは, 1989年と1990年の改革からの急激な影響があったが, 1991年と1992年には改善し始めた (表3-6)。

1991年には, その他の移行諸国と同じく, チェコスロバキアもまた工業生産でマイナス21.2%と減少した (表3-6)。チェコスロバキにおけるこの減少の原因を考えるとき, 次のポイントを考慮する必要がある。(1) 1989年以前には重工業産業が中心であった。(2) 私有化は多くの場合, 工業生産企業をサービス部門へ移行させることを意味した。(3) 移行過程初期段階において企業は在庫を50%も減少させた。

つまりチェコスロバキアの場合は, 社会主義体制下で重工業産業が中心であったことから, それらの多くが市場経済体制へ移行したこと, また重工業産業の多くがサービス産業部門へ移行してしまったこと, さらに在庫を約半分も減少させなければならなかったことなどの原因も, 工業生産の減少を考えるうえで考慮しなけらばならないといえる。

3-1 自由化政策および安定化政策導入の結果

1994年から1999年の推移：

表3-7によると，1993年（チェコスロバキアがチェコ共和国とスロバキア共和国に分裂）以降，GDPが上昇し始めた。この傾向は1996年まで続いたが，1997年に入りGDPが減少し始め，1998年および1999年ともマイナス成長になってしまった。1995年の粗工業生産（実質ターム）は8.7％成長であったが，1996年には減少し始め，1999年にはマイナスとなった。1994年の粗固定投資は9.1％，1995年には19.8％と上昇したが，1996年には減少し始め，1997年にはマイナス3.0％，1999年にはマイナス5.5％となった。失業率は，1996年から上昇し始め，1999年には9.4％に達した。GDPの減少，粗工業生産および粗固定投資の減少，失業率の上昇の原因を，1997年の通貨危機解決のため導入された安定化政策のみに帰することはできず，自由化政策およびバウチャー私有化政策をも考慮しなくてはならないと思われる。

ポーランド，ハンガリーと比較するために表3-8を参照。

1994年から今日までGDP，粗工業生産，粗投資が上昇しているポーランド，ハンガリーに比較して，チェコ共和国においてそれらの値は1997年からマイナス成長になり始めたが，この間チェコ共和国においては，自由化政策と安定化政策の結果，移行過程から生じてきたインフレーションを抑制することは成功したが，持続的経済成長を維持することには失敗した。以下では，チェコ共和国で導入されたミクロ経済政策のひとつとしてバウチャー私有化の結果を見てみる。

表3-7　チェコ共和国におけるマクロ経済指標（平均年率変化，％）

	1994	1995	1996	1997	1998	1999
GDP	2.6	5.9	4.8	−1.0	−2.2	−0.2
粗工業生産（実質）	6.5	8.7	2.0	4.5	3.1	−3.1
粗固定投資	9.1	19.8	8.2	−3.0	−3.9	−5.5
失業率	3.2	2.9	3.5	5.2	7.5	9.4

出所：ECE/UN (1998), *Economic Survey of Europe*, New York and Geneva: United Nations. National Statistics, Bank Austria (Economics Department). WIIW Database.

第3章　チェコ共和国における移行過程の結果

表3-8　ポーランドおよびハンガリーにおけるマクロ経済指標

(平均年率変化, %)

ポーランド	1994	1995	1996	1997	1998	1999
GDP	5.2	7.0	6.1	6.9	4.8	4.1
粗工業生産	9.6	4.6	3.4	11.1	12.5	10.5
粗固定投資	9.2	16.5	19.7	21.7	14.2	6.9
失業率	16.0	14.9	13.2	10.5	10.4	13.0
ハンガリー	1994	1995	1996	1997	1998	1999
GDP	2.9	1.5	1.3	4.6	4.9	4.5
粗工業生産	12.1	9.7	8.3	11.5	3.5	4.3
粗固定投資	12.5	−4.3	6.7	9.2	13.3	6.6
失業率	10.9	10.4	10.5	10.4	9.6	9.6

出所：ECE/UN (1998), *Economic Survey of Europe*, New York and Geneva: United Nations. WIIW Database from 1998 to 1999.

3-2　バウチャー私有化の結果

　バウチャー私有化の目標は，株式市場にまかせることにより国有財産から私有財産への移行を通じて所有権の返還を実行することであった。その基礎には，国有化された財産の一部を民主的方法によって国民に分配するという考え方があった。つまり，国有企業の元経営者および従業員に彼らの企業の株式を取得する特権を与えなかった点[21]と，当時のチェコ共和国のように資金的に制約のある経済において敏速に所有権の移行を導入できるという点であった。

　もっとも，バウチャー私有化の手法はいくつかの問題点を含んでいた。この方法は，一般市民何百万の株主が関与する初めての所有権の移行であり，

---

[21]　バウチャー私有化の考え方はまさにこのように民主的方法で誰でも同じ条件で株式を購入できるようにすることであったのに，現実には，元経営者や元従業員達がその企業に関しては一番多くの情報を持ち合わせていたという意味では有利であった。

はたして新しく私有化された企業の経営を経済性にのっとって運営できるのかどうか不確かであった。すべての私有化決定に関して行政のコントロールが行き亘るということも不可能であったため，不正行為がはびこるリスクが増大した。多くの場合，競争の激しい市場経済について未経験である新所有者にとって，私有化された企業の経営を，苦しいリストラを通じて成功に導くのは不可能に近かった（OECD, *Economic Surveys*, 1994, p. 36）。

3-2-1 銀行の私有化

1992年の銀行の私有化以前に，まずは，社会主義制度下における一元的銀行制度から二元的銀行制度への移行が必要であった。1990年1月にチェコスロバキア国家銀行に関する新しい法律が設定された。この法律によると一元的銀行（チェコスロバキア国立銀行）が二元的銀行制度になり，中央銀行とその他の国有商業銀行とに分裂した。

1990年にチェコスロバキア国立銀行からコメルチニー銀行（Komercini Banka: KB）と投資銀行（Investicini Banka: IB）が出現し，以前から存在していたチェコスロバキア・オブホドニー銀行（Ceskoslovenska Obchodni Banka: CSOB）とジブノステンスカ銀行（Zivnostenska Banka: ZB）は1990年から国有商業銀行として発足した。1992年には新しい法律により国有商業銀行の私有化が実行され，新しい民間銀行および外国銀行支店の設立が認められた。

チェコ共和国とスロバキア共和国に1993年分裂後，以下の銀行がチェコ共和国において出現した。チェコ中央銀行（Ceska Narodni Banka: CNB）は，西側諸国における中央銀行と同じで，法的に政府からは独立した金融政策の実施者でもあり，その他の商業銀行の活動を監視し，量的（質的でない）信用管理をする。その他の銀行には次のものがある。整理銀行（Konsolidacni Banka: KoB）は，国家所有であり，計画経済下からの多くの不良債権を抱え込んでしまっている商業銀行の長期的回復を助けるために設立された。チェコ貯蓄銀行（Ceska Sporitelna: CS）は，主に国家所有である。コメルチニー銀行，投資銀行は，主に民間銀行である。ジブノステンスカ銀行は，チェコ共和国と外国株主のジョイント・ベンチャーであり，主に民間である。チェコスロバキア・オブホドニー銀行は，チェコ共和国大蔵省およびスロバキア共和国大蔵省それぞれの中央銀行により所有されている。

第3章 チェコ共和国における移行過程の結果

　1994年には政府が国有4大商業銀行を外国投資家に売却することを試みた。この結果，国有銀行の総銀行に占める割合は，株式資本の25.7％になった。しかし国家は，国有資産基金（Naitonal Property Fund: NPF）（国有資産を私有化する役割を持つ国家エイジェント）を通じて次の3大銀行に対する支配的立場を維持しつづけた。すなわち，コメルチニー銀行（KB）において44％，チェコ貯蓄銀行（CS）において40％，投資銀行（IB）において45％のシェアを持ちつづけた（表3-9）。

　さらに，これら4大銀行間で株式相互所有が存在していた（表3-10）。これは寡占状況を生み出し，競争市場経済の弊害となっていた。

　私有化プロセスを助けるためにチェコ中央銀行は，銀行セクターのリストラおよび発展のために貸付け金利と預金の金利に差をつけ（表3-11），商業銀行の準備金を増大させようとした。しかしその結果，貸付け金利が高すぎて企業が借りることが困難になってしまい，企業のリストラを助けることができず，逆により資金不足に陥ってしまった。このことから，企業は銀行へローン返済ができず，銀行もさらなる不良債権を増大してしまう結果となった。

3-2-2　国有企業の私有化

　バウチャー私有化を通じて大規模国有企業は小企業に分割され私有化された。このことを示すために製造業部門を例にとってみる。チェコ共和国にお

表3-9　私有化された銀行に占める株式の分配（％，1994年）

銀　　　行	Komercni Banka (KB)	Zivnostenska Banka (ZB)	Investicini Banka (IB)	Ceska Sporitelna (CS)
バウチャーによる個人株主	16	11.58	15	8.5
投資ファンド（IPFs）	37	29.82	37	28.5
国有資産基金（NPF）	44	5.16	45	40
返還	3	1.44	3	3
外資	X	52	X	X
送金	X	X	X	20

出所：Czech National Bank（1998）.

表3-10 第1ウエーブバウチャー私有化後のチェコ銀行間のクロス所有権
(%)

	CS	IB	KB	ZB
CS	—	0.50	4.90	5.00
IB	8.80	—	10.80	10.40
KB	3.90	17.00	—	—
ZB	—	—	3.40	—
私有化（バウチャー）	37	52	53	44
NPF	40	45	44	5.16

出所：Michael Mejstrik, *Czech Investment Funds as a Part of Financial Sector and Their Role in Privatization of the Economy*, Reform Round Table Working Paper No. 14, Institute of Economic Studies, Charles University.

表3-11 商業銀行の貸付けおよび預金の平均名目金利

	1989	1990	1991	1992	1993
貸付け	5.0	5.9	14.5	13.8	14.1
預金	3.2	2.8	8.1	6.7	7.0

出所：Czech National Bank (1998).
Note：Data for 1989-92 refer to Czechoslovakia and data for 1993 refers to the Czech Republic.

いて全工業部門に占める製造業の企業数の割合は90％以上（1993年— 1999年）であること，さらに全工業部門に占める製造業の企業の生産シェアは80％以上であることから，製造業部門を工業部門の代表として例にとることができる（表3-12）。

製造業企業のサイズ分配（表3-13）をみると，大企業（雇用者数1001人以上）の総企業数に占める割合は，1989年（72.1％）から1993年（0.7％）に急激に減少した。それに対して小企業（雇用者数200人以下）の占める割合は，1989年（4.2％）から1993年（96.2％）に増大した。中企業（雇用者数201人以上1000人未満）の割合は，1989年（23.7％）から1993年（3.0％）に減少した。これらのデータから，大規模国有企業は小企業に分割され私有化されたと結論できる。

次に，企業サイズ別に総生産価値に占めるシェアをみる（表3-13）。これ

第3章　チェコ共和国における移行過程の結果

表3-12　雇用者数による製造業企業のサイズ

雇用者数による企業サイズ	1993	1994	1995	1996	1997	1998	1999
25 − 99		1142	1728			4571	6292
100 − 299		918	1165	1317	1324	1407	1456
300 − 499		308	338	335	345	353	344
500 以下	1662	1368	3231	1652	1669	6331	8101
501 − 1000	283	293	309	282	274	246	233
1001 − 2500	225	166	156	140	134	124	121
2501 以上	87	107	92	73	67	59	51
総企業数	2257	2934	3788	2147	2144	6760	8506
総工業部門に占める製造業数（％）	93％	94％	94％	92％	92％	95％	96％
生産高（％）（総工業部門＝100）	82.5％	82.3％	82.8％	85.7％	85.8％	−	−

出所：Based on the Czech Statistical Yearbook, 1995, 1996, 1997, 1998 and 1999.

表3-13　製造業企業のサイズ分配

雇用者数による企業サイズ	1989		1992		1993	
	総企業数に占める割合（％）(s. o. f.)	総生産価値に占める割合（％）(s. o. o.)	(s. o. f.)	(s. o. o.)	(s. o. f.)	(s. o. o.)
25 以下	0.8(％)	0.0(％)	79.8(％)	6.4(％)	89.9(％)	10.6(％)
25 - 200	3.4(％)	0.1(％)	8.9(％)	5.1(％)	6.3(％)	11.3(％)
201 - 500	8.1(％)	1.3(％)	5.4(％)	12.8(％)	2.0(％)	13.6(％)
501 - 1000	15.6(％)	6.1(％)	2.7(％)	14.2(％)	1.0(％)	14.3(％)
1001 - 2000	28.4(％)	18.9(％)	2.0(％)	18.2(％)	0.5(％)	14.9(％)
2001 以上	43.7(％)	73.6(％)	1.2(％)	43.3(％)	0.3(％)	35.3(％)
総企業数	652		9723		30763	
総生産価値（10億チェコ・クラウン＊）		610.2		680.5		264.1

出所：Based on the Czech Statistical Office.　＊ In current prices.

によると，大企業（雇用者数1001人以上）の総生産価値に占めるシェアは，1989年（92.5％）から1993年（50.2％）へ減少したのに対し，小企業（雇用者数200人以下）の総生産価値に占めるシェアは，1989年（0.1％）から1993

年（21.9%）へ上昇した。そして中企業（雇用者数201人以上1000人未満）の割合は，1989年（7.4%）から1993年（27.9%）へ上昇した。これらのデータから，1989年以来，国有大企業の生産シェアは急激に減少しており，中・小企業のそれは増大していると結論できる。

3-2-3 私有化後の銀行・企業構造

チェコの銀行は，バウチャー私有化の過程において重要な役割を果たした。というのは，まず銀行が投資会社を創立したが[22]，これは独立した法的機関であり，その投資会社が一つあるいはそれ以上の投資ファンド（IPFs）を設立した。これら投資ファンドは，私有化された企業あるいは銀行に投資することができ，銀行が私有化された企業の株主となっていったのである。

投資ファンドは，銀行，保険会社，その他の民間企業により組織されており，公開有限会社であって，国民から投資バウチャーを受け取るのと引換えに株式を発行した。これらの投資ファンドは，一方では私有化された企業の経営者として，また他方では投資家として一般市民から預かったバウチャーに対する配当の義務を有するという相反する役割を持っていた（Pavel Mertlik, 1995, p. 327）。

実際には人々は，購入したバウチャーのクーポンを投資ファンドに持ち込み，投資ファンドの株式をその値に相当する分，譲り受ける。投資ファンドは，集めたクーポンを多くの私有化された企業へ投資するか，あるいは国債の購入に当てる。投資ファンドは，好むようにクーポンを再配分することができる。しかし投資銀行として当然，一般市民に配当金を支払わなければならない。

人々は，投資ファンドの株式をそのまま持っているか，投資ファンドの株式を売却して[23]その他の株式を購入するか，あるいは他の投資ファンド（私有化と関連のない）に投資することもできた。このように投資ファンドは株式市場を創出させる制度へと発展すべきものであったが，企業が抱える債務や銀行の不良債権の問題を解決する仕組みとなりえなかった。

---

[22] 銀行が直接投資ファンドを設立することが法律で禁じられていたので，銀行はまず投資会社を創立し，それを通じて投資ファンドを設立した。

前にも述べたように投資ファンドの持つ二重の役割（一方で投資家であり，もう一方では私有化された企業の経営者でもある）は，通常の投資銀行には存在しない。企業の経営者として投資ファンドは，100企業以上に有能な経営者を送り込む必要があった。この点は，有能な経営者が少ない状況下で投資ファンドにとって大変な重荷であった。また投資家として投資ファンドは，未だにリストラされていない多くの企業から人々に報酬を支払う義務も持っていたが，それはほとんど不可能なことであった。

不良債権の原因

バウチャー私有化の結果，銀行では不良債権が生じ，そして企業には債務が発生した。さらに，資金を効率的に配分するルートは未発達であった。銀行は投資会社を通じて投資ファンドを設立し，市民のバウチャーを集めることができ，バウチャー私有化を通じて配分された国有企業株式総価値の大きな割合を獲得することが可能となった。このことを通じて4大銀行が間接的に多くの企業（これらの企業は4大銀行融資を受けているものがほとんどであった）の株式を獲得することになった。もしこのようにある銀行から融資を受けている企業が返済不可能になれば，当然その企業の株主である銀行は企業破産を避けるためにさらなる融資をするであろう。この理由から，バウチャー私有化を通じて私有化された多くの企業は，リストラの努力をすることなく，負債を抱え込むこととなった。しかしながら，バウチャー私有化の理由以外にも銀行の負債が増大した原因をあげることができる。

- ○ 革命以前から引き継いだ古いローン：社会主義体制から受け継いだローン
- ○ 1989年以後の経済改革および世界経済への開放は，チェコ共和国内の相対的価格を急激に変化させ，その結果，過去に結んだ長期契約は破棄され，負債としてのみ残った。
- ○ 私有化ローン：政府は，チェコ国民が私有化過程に参加できるように，国有商業大銀行に圧力をかけてチェコ国民に融資するようにした。この

---

(23) バウチャー私有化で購入したクーポン自体は売却できなかったが，投資ファンドの株式は売却可能であった。

ような融資を大急ぎで与える方法の導入の結果，私有化ローンの多くが不良債権となってしまったのである。
○ スタンダード・ローン：銀行経営者達が専門家でなく経験もなかったことから，スタンダード・ローンでさえも結局不良債権となってしまった。
○ トンネル・ローン：トンネルとは，会社は破産寸前であるにもかかわらず，企業の経営者・所有者が意図的に自らのみに所得が入るようにしてしまうという方法である。法律の不整備から，またそれにともない時間のかかる裁判，その他のせいで企業への融資はなかなか返却されず，結局企業の返済は行われずに終わってしまうといったことが生じていた。
○ さらに重要な点として，コメコン（COMECON）[24]の崩壊および工業生産企業の主な輸出先であった旧ソビエト市場が崩壊したことから生じてきた不良債権が存在する。

企業が負債を抱え融資返済不可能になれば，銀行は当然損失をこうむり，新しい融資は控えるようになる。このように多くの場合，企業への新しい融資が控えられて経済全体の活動が傷つく結果となった。これは，チェコ共和国のように資本市場が未発達であり企業への融資が主に銀行を通じてなされなければならない場合は特に影響が大きい。チェコ共和国ではこの私有化された企業の負債を，1991年に設立された国有銀行，整理銀行（KoB）を通じて解決しようと試みた。しかしながらこの銀行を通じての資本注入は規模が小さかったために，政府へ不良債権を移行したのみとなりより一層の不良債権を増やす結果となってしまった。

このようにバウチャー私有化導入に対する初期の期待は1997年ころには消えてきた。その理由はこれまでも述べてきたが，さらに加えて，投資ファンドの経営者の幾人かは一般市民から預かったバウチャーを運営せずに悪用してしまった例が多かったことが市民にもわかってきた。例えば，投資ファ

---

[24] コメコン：東欧経済相互援助会議（Council for Mutual Economic Assistance: COMECON）。1949年1月ソ連が提唱して設立された東欧共産圏の経済協力機構で，ソ連，チェコスロバキア，ハンガリー，ポーランドなどの9ヵ国が加盟（米国のマーシャル・プランに対抗するもの）。

ンドの経営者は、企業の資産株をダミー会社に安価で売却し、そのダミー会社が市場で株式を売却する、そこでダミー会社はそこから得た利益を外国銀行口座に預金するという仕組みである。この場合、IPFsに投資していた市民は何ももらえないわけである（OECD, *Economic Surveys*, 1997-1998, p. 11）。このような経験から多くの人々は、株式市場という体験を通じてだまされたと感じた。また、株式に係わること自体何か悪事を働くというイメージが広がったといえる。

　バウチャー私有化は、私有化された企業のリストラおよびその企業の発展のために貢献はできなかったし、銀行部門の危機をも導いてしまった。銀行の持つ不良債権は1999年の全ローンにおいてまだ30％も占めており、これはGDPの20％にも当たる。同時に銀行経営者の多くは、元チェコスロバキア国家銀行で一緒に働いていた仲間達でもある。このことは利点でもあり不利でもある。利点としては、これらの私有化された銀行の経営者は、チェコ中央銀行（CNB）からの指令および規則をより敏速にかつ正確にそれぞれの銀行に導入することができる。一方、不利な点は、彼らの間で馴合いの関係ができてしまうということである（OECD, *Economic Surveys*, 1995-1996, p. 48）。チェコ共和国においてはバウチャー私有化の結果、後者が出現してしまった。

　結論として、バウチャー私有化は初期の目標であった所有権の移行のみで移行後の経済体制そのものが動きだすであろうという考えを実行することはできなかったが、人々、政府、企業および銀行が市場経済および資本市場の仕組みを理解するために大変よい機会が与えられたともいえる。

　バウチャー私有化は国家から個人への所有権の移行であった。そして株式市場を通じて自動的に市場が設立されるものと考えていた。私有化された企業が金融面からもリストラされるかどうかに関しては関心がなかった。このような条件の下で、資本不足、市場化に適応していない陳腐化した設備と労働者を抱えた企業は市場経済のみにまかせておくわけにはいかず、何らかの政府の発展政策がなければならないことがわかる。

　バウチャー私有化を通じて、私有化された企業は資本不足でも配当を支払わなければならなかった。社会主義体制下ではすべての財に対して超過需要が存在していたため、消費者は受け取った配当を持ってすぐに消費財（特に

3-2 バウチャー私有化の結果

耐久消費財）を購入してしまうので貯蓄には向かう余裕がなかった。すると企業はさらに資金不足に陥る。銀行は企業がローンを支払えない場合には企業の株式および財産を担保としてとったので，企業はさらに支払不能のまま銀行から借りなければならず，このことは当然銀行の不良債権を増大するという悪循環を招いた。

1991年と1992年には2000の企業がプラハ株式市場に上場されていた。しかしこれらの企業に関しては確かなデータもなかった。社会主義体制下では企業に関する信頼できるデータが存在しなかったので，企業価値を計算することが不可能であった。このような状況であったために，突如として多くの企業が上場されて1990年代初期の株式ブームが生じた。これら企業は主にサービス部門（レストラン，ツーリズム，その他）であった。1992年から1996年の間GDP成長率は年率4％であった。この現象は，将来への経済成長に対するケインズ的期待理論により説明することができる。企業の確かな調査がないままのこの将来へのケインズ的期待は，意図的にバウチャー私有化を通じてマスコミおよび政治家達により宣伝された。

当時首相であったバーツラフ・クラウス（Vaclav Klaus）（現大統領）がこのバウチャー私有化の方法を積極的に導入した。彼は，バウチャー私有化の導入により企業のリストラが行われることは可能でないと理解していたが，もし経済が1992年から1996年のように成長し続けてくれるなら，企業は長期的にみればリストラが実行されていくと期待した。しかしながら，データが示すごとく経済成長は1997年から減少し始め，1997年以降はマイナスにさえなってしまった。

銀行制度に対する法的枠組みはできてはいたが，実際にはローンを返済していない企業側が返済を踏み倒してしまうという意味において，あいかわらず立場が強く，ますます銀行の不良債権がふくらんでいってしまった。破産法はまだこの時点では十分に整備されていなかった。政府の当初の計画は，まず企業を私有化し，最後に銀行の私有化を考えていたが，最近では，銀行を外国に売却することで国家予算の赤字を補填しようとしている[25]。

第3章 チェコ共和国における移行過程の結果

3-3 成長・発展への主な障害

　安定化政策およびバウチャー私有化の結果，インフレーションは1994年以降下落しだし（表3-3）たが，産出量は1997年以降減少している。このことから，安定政策およびバウチャー私有化導入後においても存在する問題点を次のように指摘することができる。
1. 1989年以前には資本市場は存在しなかった。唯一存在していた市場は財市場であったが，これさえも常に供給不足の状態であった。従って，国家から個人への所有権の移行のみでその他は株式市場にまかせておくという方法は，競争的市場経済の創設および発展へとは導かなかった。
2. 私有化された企業，銀行，そして国全体としての資本不足が存在した。
3. 社会主義下では銀行制度が機能していなかったせいで，銀行を通じての資金循環が効率的に行われていなかった。

　このような問題点を解決するためには，いかにして企業をリストラし競争力をつけられるか，そしていかにして限られた資源を最も効率的に配分し，チェコ共和国の経済成長と発展へと導くことができるかが重要である。

　これまで安定化政策とバウチャー私有化の導入が1997年以降のマイナス成長原因であることを述べてきたが，その他の要因も指摘する必要がある。第一に，自由化政策の結果，需要がシフトし[26]，供給と需要の間のギャップがさらに深くなった。第二に，チェコ企業の生産物の主な輸出先であった旧ソビエト連邦およびコメコン諸国の市場が崩壊してしまった。第三に，社会主義体制下での制度の崩壊が急激に進み，新しい市場経済体制下での制度が創設される以前に生産システム自体が作動しなくなってしまった。

　コメコン諸国とソビエト連邦の崩壊および貿易の自由化は，中・東欧諸国間の貿易の崩壊を意味していた。消費者はコメコン諸国以外の外国製品を購

---

[25] 最近のチェコ共和国では，企業・銀行を直接売却方式により，特に外国直接投資を促進する経済政策をとっているが，これに関しては第6章の最後で述べる。

[26] 1989年の改革後，人々はより質の良い外国製品を高い価格にもかかわらず購入するようになった。社会主義下では常に供給不足が存在していたからである。

入するようになり，世界市場価格へのシフトと交換可能通貨による貿易へのシフトから，旧体制下では補助されていたエネルギー・原材料の輸入価格上昇が生じた。ロシアのコメコン諸国に対する価格補助は，1990年においては約580億USドルであった。その中の400億USドルはソビエト連邦内に，そしてその他の180億USドルはその他のコメコン諸国に支払われた。

経済成長下落の要因としてこれら多くの点が指摘されるが，本書では安定化政策およびバウチャー私有化に代表される移行手段の結果のみに焦点をあてていく。

3-3-1　私有化された諸企業と市場競争

まず次のデータから，バウチャー私有化により私有化された企業が市場経済下で競争力をつけ経済成長につながったのかどうかを調査する。

1995年から1999年までの間，企業サイズによる総製造企業に占める生産量のシェアおよび総工業雇用者数に占める雇用者のシェアが，表3-14に示されている。そこからわかることは，大企業（雇用者3000人以上）は，未だに労働生産性は高いが，それにもかかわらず企業数は減少している（表3-15）。中・小企業（雇用者200人以下）は，労働生産性は低いが（表3-14），それにもかかわらず企業数は増加している（表3-15）。

もし市場競争原理が働いているなら，私有化された企業の中で生産性が低く生産量に占める割合が減少しているものは破産を通じて減少していくはずである。しかし，チェコ共和国においては，国有企業から民間企業へのバウチャー私有化の結果，私有化されて出現した多くの企業は未だに労働生産性が低く生産量が減少している状況であったが，これら企業数は増加しているのである。従ってバウチャー私有化は，移行初期の目標であった，競争を通じての企業のリストラが実行されるだろうという点には役立たなかった。

しかしながら，この状況は次のようにも考えられる。通常，中・小企業の生産性は大企業のそれよりも低いものである。特に中・小企業数が私有化により増大している状況下では，これら企業の生産性は平均すると下がってしまうのは当然である。しかし一方では，大企業の高い生産性は物理的生産力が増大したことを意味しない。そうではなく，チェコ共和国の大企業における高い生産性は，社会主義下で雇用していた余分な労働者を大幅にリストラ

第3章 チェコ共和国における移行過程の結果

表3-14 企業サイズによる生産量および雇用者数の割合（％）

雇用者数による企業サイズ	1995 生産に占める割合(％)(s.o.o.)	1995 雇用に占める割合(％)(s.o.e.)	1996 (s.o.o.)	1996 (s.o.e.)	1997 (s.o.o.)	1997 (s.o.e.)	1998 (s.o.o.)	1998 (s.o.e.)	1999 (s.o.o.)	1999 (s.o.e.)
20-49					5.3	7.6	5.9	8.6	7.4	10.8
50-99					6.4	8.4	6.3	9.4	7.4	10.4
100-299	16.3	19.5	16.5	20.2	15.2	19.5	15.4	20.9	16.9	20.7
300-499	9.8	11.6	10.6	12.4	9.4	11.0	10.0	11.0	9.7	11.1
500-999	17.5	17.8	17.1	18.2	14.0	14.6	13.5	13.7	13.5	13.2
1000-1999	16.3	18.1	19.0	17.9	19.0	15.0	19.1	14.3	18.9	14.0
2000-2999	10.6	18.1	9.6	10.2	8.1	7.5	8.0	5.9	5.8	4.9
3000-3999	2.3	10.4	2.5	2.9	2.0	2.0	3.4	3.6	3.5	3.2
4000-4999	1.3	1.7	2.3	1.8	2.3	1.8	1.9	1.4	0.3	0.7
5000以上	25.5	17.1	22.0	15.7	18.2	12.4	16.5	11.2	16.6	11.0
その他	0.4	0.6	0.4	0.7	0.1	0.2	—	—	—	—

出所：Ceskoslovenska Obchodni Banka（CSOB）, Division Chief Economist's Team, 2000.

表3-15 雇用者数による総工業企業サイズ

雇用者数による企業サイズ	1993	1994	1995	1996	1997	1998	1999
25-99		1192	1801			4734	6460
100-299		973	1245	1415	1422	1500	1565
300-499		323	363	362	370	375	369
500以下	1765	2488	3409	1777	1792	6609	8394
501-1000	299	317	337	307	299	270	255
1001-2500	245	174	170	155	150	139	134
2501以上	107	133	108	88	80	70	64
総企業数	2416	3109	4024	2327	2321	7088	8874

出所：Based on the Czech Statistical Yearbook, 1995, 1996, 1997, 1998 and 1999.

したことが大きな原因といえる。他方，中・小企業の低い生産性は，政府の雇用政策を通じて多くの人々を大企業から中・小企業であるサービス・セクターで受け入れて雇用していったことが大きな原因ともいえる。

それでは，どのようにしたら移行初期の目標であった国有企業の私有化を通じて競争市場経済下で持続的経済成長を達成できるのであろうか？　私有化された企業の物理的生産力を増大させるためには，これらの企業を，過去の社会主義体制下からリストラし，近代化し，さらに合理化しなくてはならない。そのためには，まず企業が株式市場あるいは銀行から長期融資を受けなくてはならない。チェコ共和国においては，株式市場が未発達であり銀行が主な役割を担っているので，長期融資に関しても，銀行からの融資が私有化された企業にとっての主な源泉である。しかしながらバウチャー私有化を通じて生じてきた主な問題点は，すでに述べたように銀行が抱える不良債権であり，企業の持つ負債である。

3-3-2　私企業への資金配分

バウチャー私有化後，資金供給がどのように行われたか，そして商業銀行がいかに私有化を伴う移行過程を通じて私有化された企業を支配しているかを，図3は示している。

この図が示しているのは，4大商業銀行が，政府機関である国有資産基金（National Property Fund: NPF）により所有されていることである。商業銀行は投資ファンド（IPF）を設立し，人々のバウチャーを集めて私有化された企業へ投資した。しかしこの図のように政府，銀行，企業間にヒエラルヒー的関係が出現した。つまり，商業銀行はこれら銀行が持ち分を持つ企業に（リストラには関心なく）優先的に融資をしていくが，企業側もまた債務を返済しなくとも銀行からの融資があることから，当然その企業は負債を抱え込んでいく。このヒエラルヒー的関係は次のデータから見ることができる。1997年と1998年には大商業銀行が総融資全体の82.9％および79.9％をそれぞれ占めていた（表3-16）。

チェコ共和国における株式会社の所有者の表（表3-17）では，大企業のシェアは政府が所有していることを示している。60大企業における政府所有の割合は，1994年において43.1％であり，1997年には46.1％であった。

第3章 チェコ共和国における移行過程の結果

図3 バウチャー私有化の結果
(株式と融資の関係)

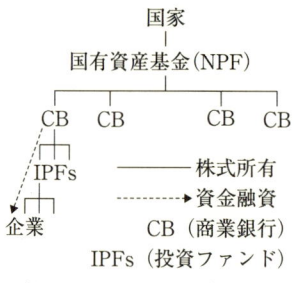

```
         国家
          │
    国有資産基金(NPF)
    ┌────┬────┬────┐
    CB   CB   CB   CB
    ├IPFs      ──── 株式所有
    ↓          ---→ 資金融資
   企業         CB (商業銀行)
              IPFs (投資ファンド)
```

(出所:P. Mertlik, 1995)

表3-16 債権,預金,証券に関する銀行の持つ市場シェア

	1997			1998		
	債権	預金	証券*	債権	預金	証券*
	総合計に占める割合(%)					
大銀行	82.9	75.3	80.0	79.7	72.1	74.4
小銀行	15.3	3.0	3.4	5.5	2.7	4.3
外国銀行	0.7	11.6	5.7	8.2	13.3	8.9
外国銀行支部	0.6	8.6	1.7	5.9	9.1	1.4
専門銀行	0.5	1.6	9.1	0.6	2.9	10.6

出所:Czech National Bank (1999).　　* Excluding T-bills and other bills.

中・小企業のシェアに関しては,政府の占める割合は1994年でたった4%であり,1997年でも6%であった。

これら2つの表と図3から,大企業でその持ち分を政府が未だに占めている場合には,政府機関であるNPFが所有している大銀行から融資を受けていることがわかる。しかし,工業部門,例えば製造業は多くの下請け企業から成り立っており,多くの場合が中・小企業である。そこで次に,大銀行は大企業のどのセクターに融資をしていたのかをみていく。

3-3 成長・発展への主な障害

表3-17 チェコ共和国におけるジョイント・ベンチャー企業の所有権の割合
(%)

	最大60企業		その他1500企業		総企業	
	1994	1997	1994	1997	1994	1997
	総市場価値に占める割合（%）					
政府	43.1	46.1	4.1	6.5	37.0	42.9
大商業銀行経営のIPFs	9.9	8.5	18.0	13.9	11.2	9.0
その他のファンド・持株	11.4	16.8	30.2	30.3	14.3	18.0
戦略的投資家	3.2	16.9	0.0	21.7	2.7	17.3
その他	32.4	11.7	47.7	27.6	34.8	12.8
合計	100.0	100.0	100.0	100.0	100.0	100.0

出所：World Bank, *Czech Republic: Capital Market Review*, The World Bank, Washington D.C., 1999.

3-3-3 産業セクターへの資金配分

これらの大銀行はこれら大企業のどのセクターに主に融資をしていたのであろうか？ 1993年には製造業セクターが1980億3300万チェコ・クラウン（これは金融機関からの総融資の29.5%）であり，1998年には2220億1200万チェコ・クラウン（金融機関からの総融資の24.7%）であった（表3-18）。従って，製造業セクターが金融機関から絶対額において最も多くの融資を得ていた。サービス・セクター（ホテル，レストラン，貿易）は，1993年には1531億4400万チェコ・クラウン，1998年には1842億2800万チェコ・クラウンを得た。さらに，金融機関から金融仲介機関への貸付けは，1993年には66億4300万チェコ・クラウン（金融機関からの総融資の1.0%）であったのが1998年には801億3800万チェコ・クラウン（金融機関からの総融資の8.9%）へと増大した（表3-18）。

これらの数字から言えることは，金融機関は約3分の1の融資を製造業にしていたことである。この融資は，大企業のみに対してでなく，その子会社（多くの場合，中・小企業）にもなされていた。つまり大企業も，また未だに生産性が低い中・小企業である子会社も，銀行から融資を受けていたことがわかる。この融資構造では企業のリストラは進まず，企業はさらに負債を抱

第3章 チェコ共和国における移行過程の結果

表3-18 金融機関からの融資先セクター (100万チェコ・クラウン)

	1993	1994	1995	1996	1997	1998
総融資	672252	776274	826024	895562	923626	897370
農業・林業	27253	27116	32194	34997	31818	26888
工業	228851	265450	283688	322195	301464	263997
－鉱業	11870	10938	10624	10231	13255	11564
－製造業	198033	238619	253598	282706	254158	222012
－電気・ガス・給水	18948	15893	19466	29258	34051	30421
貿易・ホテル・レストラン	153144	198053	213670	216531	209590	184228
建設	22761	26874	29293	30503	31228	29623
運輸・コミュニケーション	14781	22519	21037	22093	27550	28749
金融仲介機関	6653	16000	23263	36302	67422	80138
サービス	－	－	45282	70618	82141	81753
その他（家計を含む）	218809	220262	177597	162323	172413	201994

	1993	1994	1995	1996	1997	1998
公的部門	224086	212373	167912	151781	143036	116181
民間部門	350557	450061	551156	637056	655906	617395
家計	46477	46432	35503	37957	48499	62288
外資	21699	42095	47320	55714	62896	63694
外国居住者	3244	2692	2888	5820	9011	36168
その他	26189	2621	1245	7234	4278	1644

出所：Czech National Bank (1999).

えたことから銀行の不良債権も増大した。

　Pavel Mertlik (1998) は，このようなヒエラルヒー的構造をさして，次のように述べている。「銀行ベースの金融資本主義であり，政府が銀行セクターへの主たる投資家として（つまり全経済において）重要な役割を持っている。このような状況がチェコ共和国において生じてきており，大工業・大金融グループが大銀行・大企業を取り巻いており，これはドイツのコンツェルン (Konzern) に似ており，さらには日本の系列とさえも似ている。チェコ共和国におけるこのような銀行と企業との関係から，工業企業が損害をこうむるのではなく，むしろ利益を得ているのである。しかしながら，資本不

足と融資負担のため，これら金融グループの多くが，金融的弱点を持っており，将来において，はたしてこのような方法が成功するのかどうかが重要な要因である。」

3-3-4　市場競争の育成および効率的資金配分

歴史的に社会主義体制下では，ほとんどの必要物資の価格は低く抑えられていた。教育は無料であったし，公共の乗物はほとんど無料に近い値段であった。社会保障制度（例えば病院での診察・治療）は充実していた。さらに，失業者数は公的にゼロであったし，社会主義体制下ではすべての人々が仕事を持っていた。

このように社会主義体制下で人々が40年以上も馴れてしまった平等面に関しては，競争市場経済からなるアングロ・サクソン型に簡単かつ急速に移行することはできなかった。このような状況下でとられたバウチャー私有化の方法は，市場経済の基礎の上に成り立ったものではなく，どちらかというと社会主義体制下での平等性に基礎をおいていたといえる。というのは，バウチャー私有化により，今まで国有財産であったものを名目的価格で市民にわたすことで一般市民に平等に返還するという考え方が基礎にあったからである。そしてこの方法の目的は，株式市場を通じて非効率的企業は破産し，競争的企業のみが残るということであったが，そのような状況は生じなかった。さらに効率的資金配分もなされなかった。というのは，消費者は投資ファンドから得た配当を銀行に貯蓄することなくすぐさま耐久消費財を購入する行動に出たからである。これは，社会主義体制下では常に不足の経済学といわれるように，財に対する需要が供給を上っていたからである。このように私有化された企業は，そもそも資本不足であったのにさらに負債を抱え込む結果となってしまった。

本章を次のようにまとめることができる。
1990年代初めのチェコスロバキアのおかれていた状況を考えるとき，ハイパー・インフレーションも生じていないし，当時とられた安定化政策優先的立場はやりすぎであった。ポーランドにおけるインフレ率はなんと640%であったが，チェコ共和国においては57.9%であった。1991年および1993

第3章　チェコ共和国における移行過程の結果

年に急激な価格自由化政策がとられた時であってさえもハイパー・インフレーションは経験したことがなかった。

ここで仮説的であるが，安定政策は，実際とられた安定化政策（GDP 減少の原因の一部であったといえる）よりもっと小規模でよかった。その代わり大工業企業の場合（特にコメコン諸国と関連していた大工業国有企業）には，私有化・私営化以前に，政府による何らかの発展政策および産業政策がとられるべきであった。しかし政府が企業レベルでとった政策は，この章でみたようにバウチャー私有化であり，その結果は，これら企業における受身の株式保有者が出現したのみであった。さらに，制度（例えば破産法，商業法）の改革も大変遅れていたことを付け加えなくてはならない。

多くの元国有企業は資本不足であり，市場化に適応していない資本ストックを抱えており，企業近代化のためおよび新市場開拓のために新しい資本を必要としていた。古い大企業の一部は取り壊されるべきであるし，それに代わって新しい企業が起こってこなければならないが，これらのためにも多くの投資が必要である。実際どのようなことが生じていたかというと，企業は株主へ配当を支払う義務があったので，これは企業の資本蓄積を妨げたし，先にも述べたように消費者はその配当で多くの場合すぐさまに耐久消費財を購入してしまった。このように企業にはそもそも不足している資本がより一層減ってしまい，生産増大のための投資に配分する運転資金不足に陥った。社会主義体制下ですでに存在した超過需要にプラスして，体制変換と共にさらに消費者需要がより増大し，供給不足がさらに増大した。

従ってバウチャー私有化は，所有権を国から個人へ移行するという点では意味があったが，この方法はきわめて政治的な意味あいが大きかった。

しかし，1997 年以降の生産高減少と非効率的資金配分の現実に直面して，自由化政策，安定化政策，バウチャー私有化から生じてきた諸問題解決のためには何らかの政府の発展政策が必要である。チェコ共和国のように株式市場が未発達である場合，企業のリストラのために銀行が重要な役割を果たすべきである。このことを示したのが戦後日本の例であり，これを第 4 章と第 5 章で述べる。

その前に，チェコ共和国では，ハンガリーおよびポーランドと比較して相対的に高い国内貯蓄率および国内投資率を持っていることを指摘したい（表

表 3-19 チェコ共和国，ポーランド，ハンガリーにおける
国内貯蓄率および GDP 成長率

		1992	1993	1994	1995	1996	1997	1998	1999
チェコ共和国	国内貯蓄率	24.9	18.4	29.9	31.4	27.6	27.8	31.1	27.3
	投資率	27.1	18.0	30.1	34.1	35.5	33.9	33.0	30.2
	GDP成長率	−6.4	−0.9	2.6	6.4	3.9	1.0	−2.8	0.5
ポーランド	国内貯蓄率	15.0	14.2	22.1	23.5	23.6	26.6	26.8	21.7
	投資率	18.7	20.9	21.1	22.8	26.0	29.9	31.0	24.3
	GDP成長率	2.6	3.8	6.2	7.0	6.1	6.9	5.7	5.5
ハンガリー	国内貯蓄率	16.1	8.6	11.4	16.1	18.3	20.5	19.6	15.8
	投資率	15.2	19.7	21.3	21.8	22.0	22.7	23.5	20.9
	GDP成長率	−3.0	−0.8	2.9	2.0	1.3	4.6	4.5	1.6

出所：Goldman Sachs, E-Goldman Sachs estimate.

3-19)。しかし，ほとんどの工業投資は，環境問題関係とエネルギー部門に行われていた。

　ここで重要な点は，チェコ共和国は，国内貯蓄を競争力のある企業へ効率的に配分できるような金融制度を設立しなければならないことである。その例として戦後日本の制度を例にあげてみる。

　日本もまた資本市場が未発達であったので，効率的な間接金融を軸とした政府主導型産業政策が採用された。例えば政府系金融機関として造られた日本開発銀行は，日本興業銀行といった商業銀行とともに，審議会（各経済部門に設置された委員会）を利用しての企業と政府間の情報交換を行わせ戦略的に重要な部門に資金配分を行うなど，戦後日本の経済発展と市場経済モデルの構築に重要な役割を果した。次の第4章と第5章でこれらを説明する。

第4章　戦時経済計画体制と社会主義経済計画体制との類似性

　第一に，抽象理論である「正統派社会主義」(Orthodox Socialism)[27]と，ソビエト・タイプ社会主義計画体制という名のもとに社会主義諸国において現実に行われていた「現実社会主義」(Real Socialism)[28]とを区別して考えなくてはならない。歴史上初めてソビエト連邦において発足した社会主義体制は，その基本的原則を正統派社会主義理論からとっていたが，実際に導入されると，理論と現実との間のギャップが出現しだした。本書で，社会主義体制から市場経済体制への移行というときには，このソビエト・タイプ社会主義体制から市場経済体制への移行を意味する。

　第二に，社会主義計画体制がどの地域でのものであったか限定して考えなくてはならない。というのは，各社会主義国は社会主義計画体制への異なったアプローチをとっているからである。本書では，地域を，中・東欧諸国に限定し，チェコ共和国を例にとっている。チェコ共和国は第二次世界大戦後，ソビエト・タイプ社会主義計画体制をとっており，特に1968年「プラハの春」以降はより厳しいソビエト・タイプ社会主義体制を1989年まで取り続けた。

　レオンチエフ（Wassily Leontief)[29]は，このソビエト・タイプ社会主義体制と戦時経済体制との間に類似性があるということを次のように述べている。

　「ソビエトの計画過程は，現実には戦時経済体制下で使用されていたものと異なることはない（あるいは，少なくとも今日まであまり異ならない）……，

---

[27]　Laszlo. Szamuely (1974).
[28]　Laszlo. Szamuely (1974).
[29]　Wassily Leontief (1985, p. 226).

第4章 戦時経済計画体制と社会主義経済計画体制との類似性

戦時経済と社会主義計画経済との間には,ある類似性がみられる。」

本書では,次のことを分析している。チェコ共和国において移行過程から生じてきた構造的問題を解決するために戦後日本の例をあげ,戦時経済体制下での財閥支配体制から民主的市場経済体制へ移行したことから生じた構造的硬直性の問題解決の方法を分析することにより,そこから一つの提案をしている。

日本における戦時経済下での財閥支配体制の状況分析において考慮しなくてはならない点は,市場経済そのものは戦前・戦中・戦後と常に存在し続けていたことである。この点は,チェコ共和国の場合とは違っていた。チェコ共和国においては市場経済が戦前は存在していたが,戦後から1989年まで意図的に破壊されていた。しかしながら,チェコ共和国においても日本においても資源配分は次のようになされた。チェコ共和国の場合には共産党支配のもとで,日本においては主に軍事生産のために戦時政府のもとで行われた。この目的のために戦時期の日本は,社会主義体制におけるのと類似の(しかしより不完全なレベルの)計画経済体制のもとにおかれた。つまり日本においては,政府が全生産物の需給を支配することは不可能であったし,市場価格が機能し続けて「シャドウ(闇)経済」(shadow economy)あるいは「セカンド経済」(second economy)を作り上げた。チェコ共和国では,社会主義政府のもとで中央集権支配経済体制であり,すべての生産,資源配分,消費および予算配分も国家および共産党支配下にあった。しかしながら現実には,社会主義体制下においてもシャドウ経済があらゆるセクターで小規模ながら存在した。さらに日本とチェコ共和国のおかれていた違いは,計画経済が続いた期間にある。日本における戦時経済体制下の計画経済は戦争中という短期間のものであったのに対して,チェコ共和国のように社会主義計画経済は半世紀も続き,システム(体制)となってしまっていた。これは一国の市場経済構造の構築を困難にした。というのは,政府の経営能力,銀行・企業・人々の行動が民主的市場経済の行動から基本的に離脱してしまったからである。

このように日本における戦時経済下での財閥支配体制とソビエト・タイプ社会主義下とでは,その統制の強さのレベル,期間,および国家の下での統制と財閥の下での統制といった違いはあるが,どちらも自由競争が大なり小

なり存在しなかったという点では，全体として市場が働いていなかったといえる。この類似点のもと本章では，戦時日本経済の例をあげて，いかに日本経済が戦時経済下の財閥支配体制から民主的市場経済へ移行し発展をとげてきたかを分析する。

4-1　戦後日本経済の発展プロセス（1945年－1970年）

　ここでは，日本が戦時経済下での財閥支配体制[30]から，いかにして，戦後，より民主的な市場経済体制へ移行したかを見てみたい。
　日本が戦時経済下での財閥支配体制から，戦後民主的市場経済体制へ移行していく代表的な手段として，安定化政策として「ドッジ・プラン」，そして構造改革のミクロ経済政策として「財閥解体」を取り上げていく。チェコ共和国における移行過程と日本における移行過程を直接比較したりすることは意味がない。例えば，チェコ共和国における安定化政策，バウチャー私有化を日本におけるドッジ・プラン，財閥解体と比較してみても何の意味もないということである。しかしながら，これらマクロ政策もミクロ政策も，両国における移行過程でのそれぞれの初期条件を考慮して，安定と持続的経済成長を目標として導入されたものであることには間違いない。
　当然これらの政策の結果は日本とチェコ共和国において同様ではなかった。このことは，私有化後のチェコ共和国と戦後日本における企業と銀行の機能を比較することでわかる。日本においては，企業・銀行における企業化精神および市場経済下における潜在的力がすでに戦前から戦時中も含めて存在していたのに対し，チェコ共和国においては，企業・銀行の所有権も経営権も国が完全に統制していた。このように社会主義体制下で意図的に市場経済体制の破壊を40年以上も続けてきた点が，チェコ共和国のような移行諸国の特徴である。
　次に図4が示しているのは，日本が戦時経済下の財閥支配体制から戦後の民主的市場体制への移行と同時に持続的成長をとげていくフロー・チャート

---

[30] ここでいう戦時経済体制下での財閥支配体制とは，戦時体制下および財閥企業・銀行により支配されていた市場のもとでは完全競争市場は存在しないという意味である。

第 4 章　戦時経済計画体制と社会主義経済計画体制との類似性

を示している。このフロー・チャートで示されているように，日本においてドッジ・プランおよび財閥解体といった手段の導入後においても存在した主なボトルネックは次の点である。すなわち，資本市場が未発達である点，企業，銀行および国全体として資本不足であった点，黒字単位から赤字単位への資金循環はよく機能していなかった点である。これらの点は，チェコ共和国の抱えていた問題点と同様であるといえる。このような状況に関しては本章で分析し，戦後日本（1945 年― 1970 年）における政府，銀行および企業の役割，特に産業政策（1950 年― 1955 年）との関係に関しては，第 5 章で分析する。

図 4　日本における戦時統制体制から市場体制への移行プロセスのフロー・チャート

目標： 移行 　と同時に　 成長と発展

戦時経済下での財閥支配体制から戦後の民主的市場体制への移行

↓

財閥解体とドッジ・プランを通じて財閥支配体制の崩壊と民主的市場体制の創設

↓

財閥解体の結果：
　（財閥支配下の寡占的構造は，財閥解体以前と以後でどう変化したか）
ドッジ・プラン導入の結果：
　（インフレーションへの影響はどうであったか）
財閥解体およびドッジ・プラン導入後も存在した主なボトルネック：

1. 資本市場が未発達である。
2. 企業，銀行および国全体として資金不足。
3. 黒字主体から赤字主体への資金循環が効率的に機能していない。

　この状況下でなるべく早急に競争的市場経済体制を創り出すためには，どのような方法があるのか？
　政府（産業政策）および政府金融機関がその他の商業銀行とともに競争的企業へ融資を行った。

4-2　財閥支配体制解体および戦時経済体制の崩壊

4-2-1　インフレーション

1946年から1948年の卸売物価指数は約300％増大した。1948年から1949年には上昇率はスローダウンし始めて160％となり，1949年から1950年には完全に安定した。消費者物価指数は，1946年から1947年に200％上昇したが1948年にはすでに下がり始めていた（表4-1）。

4-2-2　生　産

表4-2（1933年から1935年を100として）に示されているように，1946年1月から5月（第1期），5月から8月（第2期）のセクター別生産指数は，それぞれ44％上昇と0％上昇（エネルギー・セクター），それぞれ84％上昇と0％上昇（鉄鋼セクター）を示している。経済の基本セクターの成長減少は生産の減少という悪循環を生じさせた。このことは次のように理解することができる。つまり，1946年初期は戦時中からのストック機械を使用して生

表4-1　卸売物価指数・消費者物価指数

	総生産高平均卸売物価指数 (1948.1 = 100)	総生産高平均消費者物価指数 (1951 = 100)
1946	19.13	17.8
1947	56.61	38.2
1948	150.4	69.9
1949	245.4	92.2
1950	290.2	85.9
1951	402.7	100.0
1952	410.5	105.0
1953	416.2	111.9
1954	－	119.1
1955	－	117.8

出所：大蔵省財政史室『昭和財政史』第19巻 p. 38, p. 47.

第4章　戦時経済計画体制と社会主義経済計画体制との類似性

表4-2　産業セクター別生産指数

	1946　1月	5月	8月	上昇率（％）	
				1月—5月	5月—8月
エネルギー	84.0	121.1	119.7	44	0
鉄鋼	83.4	153.3	153.4	84	0
非鉄金属	60.7	240.0	269.4	—	12
金属	76.9	169.5	314.6	120	85
造船および機械	60.4	189.6	271.0	214	43
化学工業	75.1	164.0	168.4	118	2
木材製品	66.1	144.6	144.1	118	0
食糧	113.1	170.0	194.8	50	14
繊維	72.0	203.2	421.0	182	107

出所：経済安定本部，1947年．
1933年—1935年＝100

産を始められたが，5月になると生産が止まってしまったわけである。

4-2-3　所　得

　1946年は，1945年に比較して農業セクターおよび漁業セクターの実質所得は，1934年から1936年を100とした戦前と比較して112.8に上昇した。しかし製造業セクターは49.3に下落し，その他のセクターでも40.8に下落した。農業部門での上昇の背景には，終戦後帰国兵隊達がまず農業部門での生産に参加したことがあると推測される（表4-3）。

4-2-4　成　長

　経済成長は，製造業，鉱業およびその他の産業において1946年に（1934年から1936年と比較して）減少した。農業，林業，漁業が唯一1934年から1936年のレベルを保持した（表4-3）。

表 4-3 産業のセクター別国民所得　　　　　　　（単位：円）

		1934 − 1936 = 100	1946
農業，林業，漁業	国民所得	2,854	140,101
	実質所得	2,854	3,220
	指標	100.0	112.8
製造業および鉱業	国民所得	4,426	95,074
	実質所得	4,426	2,185
	指標	100.0	49.3
その他産業	国民所得	7,098	125,680
	実質所得	7,098	2,896
	指標	100.0	40.8

出所：経済安定本部，1947 年

4-3 財閥支配体制から民主的市場経済体制への移行の諸手段

4-3-1 財閥解体

　戦時経済下での財閥支配体制から戦後の民主的市場経済への移行は，日本にとって次の意味を持っていた。第一に，戦時政府支配下での資源配分から自由市場経済への移行，主に財閥支配企業のもとで決定されていた生産量および価格の自由市場経済への移行であった。これは，日本の財閥自体は法律によって政府の支配下にあったわけではなかったが，戦時経済下の政府が，ヒエラルヒー的財閥制度を利用して戦時政府へ協力させ，そして財閥もまた自らの企業成長のために戦時政府を利用しようとしていたからであった。第二に，財閥下の企業・銀行・商社自体が財閥支配下にあった最高持株会社から自由市場経済へ移行したのであった。この意味するところは，企業・銀行・商社が財閥の株式所有による支配下から財閥解体によって株式の民間所有への移行が行われたことであり，同時に財閥支配から民間への経営の移行でもあった。従って，日本における解体とは，戦時政府支配そのものの解体と同時に財閥支配そのものの解体でもあった。本書では財閥解体を例にあげている。というのは，このヒエラルヒー的財閥制度が軍事的戦時支配経済体制の設立に中心的役割を持っていたからである。さらに土地改革と労働民主

第4章　戦時経済計画体制と社会主義経済計画体制との類似性

化改革も本書では財閥制度との関連においてのみ述べている。というのは，これら土地制度も労働制度も，財閥制度が経済全体を支配し，日本を戦争に向かわせることを容易にしたと思われるからである。

第二次世界大戦後，占領軍総司令部（General Headquarter: GHQ，以下，総司令部）[31]は日本を非軍事化および民主化することをめざした。というのは，彼らは，日本の政治・経済・社会構造が非民主的でありかつ戦争志向的であると考え，このような特徴の主な原因は財閥構造にあり，その財閥構造を支えたのが労働集約的な小規模家族単位の農業セクターだと考えた[32]。この農業セクター（多くの労働力供給が可能であった）は，戦争中に財閥支配工業セクターへの労働力供給源として利用されていた。同時に，農民達の低賃金レベルが，工業セクターの労働賃金上昇を抑えてしまう役割も果たしていた。従って，国内購買力は低く抑えられ，政府および軍部の保護のもとで，輸出産業および軍事産業が協力し合う機会を与えることとなった。これら産業の主な関心事は，新しい市場を得ることであった。この点が日本経済構造の財閥寡占支配の発展へと導いてしまった[33]。

この理由から総司令部の仕事は，次の3つの改革に着手することであった。第一に，軍事的経済構造のルーツを取り除くために財閥解体を実行する。第二に，小規模家族単位農業セクターが供給する労働力の基礎を取り除くために農地改革を実行する。第三に，小規模家族単位農業セクターの経営スタイルを取り除くために，また労働者の抑えられた低賃金を可能にしないために労働民主化改革を実行する。従って農地改革，労働民主化改革および財閥解体は，民主的・非軍事的制度の設立のためにそれぞれが相互に関連していたと考えられる。その点からまず農地改革および労働の民主化改革に簡単にふれてみたい。

---

[31] General Headquarter（GHQ）は，第二次世界大戦後の日本における米国占領軍総司令部であり，1951年サンフランシスコ平和条約まで存続した。
[32] 経済企画庁，(1992年)。
[33] 経済企画庁，(1992年)。

農地改革[34]

日本の農業は、少数の地主により土地が所有され、小作農に土地を貸すという地主農業であった。そして小作地は全工作地面積の46%に達していた。農村における過剰労働人口は、必要なときに工業労働力への供給源となり、また逆に不況期には農村が失業者を農業部門で吸収した。この結果、都市における工業セクターの労働賃金水準は農村の低い賃金水準に抑制され、労働者達は工業セクターにおいても悪い労働条件を受け入れなければならなかった。

このような低賃金労働力の存在が、日本において零細な中・小企業の存在を容易にし、大企業はこれらを下請企業として利用し、不況の時にはそのリスクを中・小企業に押しつけるという仕組みになっていた。従って、下請企業と農業セクターが大企業のリスクを負う役割を担っていたといえる。この点が財閥支配大企業をより強力にし、より発展させてしまった。

農地改革を通じてこのような農業生産の形を廃止することは、農業生産増大のみでなく日本経済構造全体の変化と改革を意味していた。

労働関係の民主化

第二次世界大戦後、労働者達は、財閥支配下企業では禁止されていた次の権利を与えられた。デモンストレーションの権利、労働組合活動の権利、ストライキを組織する権利、より高い賃金を交渉する権利、より民主的経営を要求する権利等である。

このように低賃金を可能にしていた経営方式は解体され、農業セクター改革とともに、ヒエラルヒー的財閥制度が存続できるような構造的基礎が解体された。

次に、財閥解体の過程および解体の内容を財閥家族、企業、銀行に焦点を

---

[34] 農地改革：戦後、日本の小作制度は、総司令部により廃止された。しかしながら、重要な農地改革はすでに1893年以来日本独自のイニシャティブで徐々に進められていた。従って、米国占領軍が農地改革を単独で着手したわけではなく、日本ではすでに農地改革の基礎が存在していた。日本での農地改革は世界史上最も成功した例であることは知られている。

当てて見る。

4-3-1-1　財閥解体の過程

戦前および第二次世界大戦中を通じて財閥家族は，日本経済において重要な地位を保っていた。このことは，三井財閥，三菱財閥，住友財閥の家族が持つ子会社への払込資本金（1945年末の時点）をみることでわかる（表4-4）。

三井・三菱・住友の財閥家族が重要な役割をもっていたことが次の2点からわかる。第一に，財閥家族下の総企業数の74.8％を重工業が占め，これは国家総企業数の31.7％にあたる。この重工業比率の高い割合は，主に第二次世界大戦中に生じた現象である。第二に，銀行セクターの国全体の数に占める財閥家族支配の割合は32.4％であり，財閥銀行が重要な役割を持っていたことがわかる。

さらにもう一つの財閥家族を付け加えて戦時中の4大財閥家族の持つ役割を見てみる（表4-5）。

安田財閥家族を追加することで，国全体に占める財閥銀行セクターの割合

表4-4　三井・三菱・住友財閥家族のそれぞれの同族会社への払込資本金
(1945年)

	三井関連企業			三菱関連企業			住友関連企業			合計		
	企業数	総企業数に占める割合(％)	国全体に占める割合(％)	企業数	総企業数に占める割合(％)	国全体に占める割合(％)	企業数	総企業数に占める割合(％)	国全体に占める割合(％)	企業数	総企業数に占める割合(％)	国全体に占める割合(％)
銀行	(1)4	4.9	13.9	4	5.1	13.1	4	3.4	5.4	(1)12	4.6	32.4
重工業	(26)115	72.0	12.7	(23)85	68.8	10.7	(15)84	89.7	8.4	(64)284	74.8	31.7
軽工業	(19)46	10.7	6.0	(11)24	3.7	1.6	(1)14	1.6	0.7	(28)84	6.1	8.2
その他	(15)47	12.4	4.5	(18)44	22.4	6.7	17	5.3	1.1	(33)108	14.4	12.2
総企業数	(61)212	100.0	9.5	(52)157	100.0	8.3	(16)119	100.0	5.1	(129)488	100.0	23.0

出所：持株会社整理委員会『日本の財閥と解体』p. 95, p. 113, p. 122, p. 426, p. 428, p. 468.
　　　（ ）は，同族会社以外の企業数。

4-3 財閥支配体制から民主的市場経済体制への移行の諸手段

表4-5　工業における財閥支配（1945年）　　（単位：1000円）

	三井	三菱	住友	安田	合計	国全体に占める割合（％）
銀行	169,375	159,875	65,425	209,411	604,086	49.7%
重工業	2,214,166	1,866,032	1,449,460	119,413	5,556,521	31.7%
軽工業	273,698	73,030	29,312	116,963	484,723	10.6%
その他	403,891	604,576	102,485	63,747	1,149,389	12.7%
合計	3,061,130	2,703,513	1,646,682	509,534	7,794,719	24.1%
国全体に占める割合（％）	9.5%	8.3%	5.1%	1.6%	24.1%	

出所：大蔵省財政室『昭和財政史』第2巻，p.23.

は49.7％へと増大した。ここでもまた日本経済全体に占める財閥支配金融セクターの重要性がわかる。従って，総司令部は，財閥を解体し，同時に土地制度と労働制度の民主化を進めることで戦後日本を民主化しようとした。

次に，どのように財閥解体が行われたかを示してみたい。1946年8月に持株会社整理委員会（Holding Company Liquidation Commission: HCLC）が公式に設立された。三井，三菱，住友，安田，富士が，1946年9月に持株会社として指名された。さらに1947年7月3日に総司令部から三井物産，三菱商事の解体が指令された。さらにこの解体指令と同時に，過度経済力集中排除法および独占禁止法が，それぞれ1947年12月18日に公布された。もっとも，過度経済力集中排除法では325企業が解体されることになっていたが，実際解体命令が下ったのは18企業のみであった[35]。1951年平和条約が連合国と日本の間で署名されて財閥解体および過度経済力集中排除法が廃止されるまで続いた。

4大財閥家族（三井・三菱・住友・安田）は，戦前には金融機関をはじめ商社をも所有していた。また，これら金融機関を通じて財閥家族は企業の経営を容易に支配することができた。財閥下の子会社は，財閥所有銀行以外から融資を受けることを禁じられていた。さらに財閥家族は，自らの商社を通

---

[35] この理由は，ソビエト連邦と米国間の冷戦の存在が，米国の日本への政策を，非軍事化と民主化の実行のみから日本の経済発展をなるべく早くに実施し，アジアにおける社会主義体制に対する要塞とするという政治的方向への転換があったと考えられる。

第4章　戦時経済計画体制と社会主義経済計画体制との類似性

じて大量の特定財を購入したり売却したりすることによっても支配が可能であった。このように財閥家族下の子会社は，購入・売却に関しても自由がなく，財閥家族所有の商社を通じて貿易・商売をしなくてはならなかった。

　このように財閥の金融機関と商社に占めた重要な役割にもかかわらず，「持株会社整理委員会」（Holding Company Liquidation Committee: HCLC）のリストの中に金融機関は含まれていなかった。この主な理由は次の3点にある。

1)　総司令部の意図は日本を非軍事化することであった。しかしながら米国には，冷戦以前から，日本の国家経済を完全に破壊してしまおうという意図はもたなかった。日本では銀行資本の市場シェアは大きく，さらに銀行への政府支配が強かったことから，これらの性質を利用して戦争による破壊から日本を再建していこうと考えた。総司令部は，政府の銀行へのこの強い支配関係は，大銀行の独占体制が出現するよりましな状況であると考えていた。

2)　冷戦の始まりにより，米国は日本への戦略を変え始めた。それは，日本の非軍事化および民主化のみの政策から転換して，経済発展を急速にとげさせることで共産主義に対するアジアの要塞とさせる方向に変化していった。

3)　日本における銀行制度構造では，都市銀行と長期信用銀行が，重要経済発展部門への融資の主な源泉であった。これらの都市銀行および長期信用銀行は，戦前には財閥家族に属していた。財閥そのものが解体されたことからこれら銀行の財閥家族への所有・経営の結びつきは解体されたが，商社の場合と違い，銀行自体の解体は免れた。

4-3-1-2　財閥解体の内容

　表4-6が示しているように財閥持株会社のシェアは，主に持株会社整理委員会を通じて処分された。その処分方法に関しては，オークションによるのが最も重要な方法であり，その次に株式引受売却および従業員への売却であった[36]。

---

[36]　E.Hadley, 1970, p. 185.

4-3 財閥支配体制から民主的市場経済体制への移行の諸手段

表 4-6 1947 年 6 月から 1949 年 11 月までに証券処理調整協議会によって売却された証券

提供機関別

売却機関	株式数（千株）	処分額（千円）
持株会社整理委員会	113,324,000	8,364,403,000
閉鎖機関整理委員会	37,867,000	3,121,744,000
政府（大蔵省）	27,441,000	1,740,447,000
日本銀行	195,000	80,677,000
その他	101,000	5,930,000
合計	178,928,000	12,313,168,000 13,313,168,000

売却方法別

売却方法	株式数（千株）	処分額（千円）
一般入札（地方入札を含む）	56,370,000	4,913,486,000
引受売却	63,958,000	4,232,124,000
従業員売却	44,554,000	2,094,588,000
一般売却（地方入札を含む）	12,792,000	952,650,000
委託売却	701,000	26,716,000
場外売り	553,000	93,604,000
合計	178,928,000	12,313,168,000

出所：E. Hadley, p. 224.

4-3-1-2-1 財閥家族の解体

１．所有の結びつきの解体

　Eleanor M. Hadley（1970）は，財閥家族と所有の結びつきを例示している。その中の一つである三井財閥の例をあげる（表 4-7）。これらの所有の結びつきとして，垂直的な最高持株会社の所有，直接的な家族所有，および財閥家族間における水平的結びつきをあげている。

　最初の垂直的な最高持株会社所有は，まず主な子会社を結びつかせ，さらにその下部の子会社をも結びつかせ，全体制が最高持株会社の支配下で行動することになる。なお，最高持株会社がこれらすべての主な子会社の 51％以上のシェアを持っているわけではなく，なかにはより一層小さいシェアし

第4章　戦時経済計画体制と社会主義経済計画体制との類似性

表4-7 発行済株式の比率による終戦時の三井財閥の中核子会社間の株式所有の結びつき（＊印は，持株会社整理委員会により持株会社として指定された会社）

	最高持株会社 （三井本社）	家族	子会社相互間	合計
直系指定子会社				
三井物産＊	41.4	10.0	1.8	53.2
三井鉱山＊	59.8	2.4	3.6	65.8
三井信託	7.7	8.3	1.8	17.8
三井生命保険	25.0	50.0	0.0	75.0
三井農林	60.3	30.1	9.5	99.9
三井造船	49.5	33.3	10.0	92.8
三井精機	89.6	10.0	0.0	99.6
三井化学＊	20.2	19.8	59.3	99.3
三井不動産	0.0	100.0	0.0	100.0
三井船舶	72.8	0.0	15.7	88.5
準直系指定子会社				
日本製粉	49.6	0.0	3.5	53.1
三井倉庫	100.0	0.0	0.0	100.0
大正海上火災保険	48.3	0.0	2.8	51.1
熱帯産業	39.2	0.0	0.0	39.2
東洋綿花＊	88.3	0.0	0.0	88.3
三機工業	97.0	0.0	0.0	97.0
東洋レーヨン	35.6	0.0	9.2	44.8
東洋高圧	0.0	0.0	40.8	40.8
三井油脂化学	100.0	0.0	0.0	100.0
三井軽金属	2.4	0.0	36.2	38.6
準直系指定子会社				
三井木船	30.0	0.0	67.5	97.5
三井木材	100.0	0.0	0.0	100.0
注目すべき(通常)子会社				
帝国銀行	3.7	18.2	0.8	22.7

出所：E. Hadley, 1970, p. 77.

か持たず，0％のケースもあった。また，ある子会社に関しては，100％を持っているケースもあった。財閥解体の第一の仕事は，上に述べたようなすべての所有関係を解体することにあった。

この垂直的結びつきを解体するために総司令部の指導のもと日本政府は，持株会社整理委員会（HCLC）を1946年に設立した。この名前が示しているようにこの委員会の役割は，最高持株会社の解体に限られていた。つまり，直接的に財閥家族によりなされる投資決定（最高持株会社とは独立になされる投資）とか水平的な相互的結びつき等の解体は含まれていなかった。持株会社とは，命令機関のみをさし，財閥構造全体をさしていっているのではない。

ここでは，持株会社が所有していた株式は持株会社整理委員会に移行され，委員会はそれを新しい所有者へ売却し，元所有者には，売却手取金から委員会の運営費を差し引いた額を限度として補償された。株式所有から生じる経営所得も所有者のものとなった。しかし，財閥家族がすぐさま株式を再度購入する可能性を排除するために，財閥家族への支払は10年期限の非流通政府証券の形で行われた。

財閥家族による投資決定権の解体に関しては，総司令部は，持株会社整理委員会に財閥家族の代表者名を示すよう指令した。その結果，56名の名前が委員会へ報告された。彼ら所有の株式は，新しい所有者に売却され，持株会社が所有していた株式の場合と同様に処理された。

次に，水平的な相互的結びつきもまた解体された。この解体のために総司令部は日本政府に勅令第567号㊲（Imperial Ordinance 567）を公布させ，財閥家族下の子会社を選択させた（委員会は子会社の定義として，その会社の10％以上の株式所有とした）。これら子会社は約1200からなることがわかった。この勅令によって，財閥家族が支配下におく子会社の1945年12月8日以降取得した株式は新しい所有者へ売却することで水平的な相互的結びつきが解体されることになった。

㊲ 勅令第567号（Imperial Ordinance 567）は，1946年11月25日に会社の証券保有制度等に関して公布した勅令である。

第4章　戦時経済計画体制と社会主義経済計画体制との類似性

2．人的結びつきの解体

上に示したように最高持株会社のその他子会社に対する株式所有率が必ずしも高くないにもかかわらず，なぜ最高持株会社の結びつきおよび支配力がこうも強く保持できたのであろうかという疑問がでてくる。そこで，何らか他の支配力が存在して，主たる子会社への強いコントロールが保持できたのであろうと考えられる。これはまさに次のような人的な結びつきであったといえる。第一に，財閥家族はその最高持株会社を通じて，直接あるいは間接に主な子会社の役員を任命した。第二に，契約書を通じて，役員が独自の判断で活動できないように拘束し，さらに最高持株会社と主な子会社との間あるいはその子会社間に無数の兼任役員をつくり，現場の監視を強めていた。まず子会社の中心的役員を財閥の地位から追放すること，次に，これら諸子会社の間の役員兼任制を廃止した。このようにして人的結びつきの解体も行われた。

4-3-1-2-2　財閥貿易会社の解体

三井物産および三菱商事の2巨大商社も解体されたが，ここでは，約200の貿易会社に解体された三井物産[38]を例にとる。

解体後，三井家との垂直的所有の結びつきは完全に解体され，200企業に分離した。解体がどのように進んだのかを，元三井物産原料部部長であった水上氏は，自らの経験から次のように語っている。1947年三井物産解体直後，元三井物産の原料部のもとにあった建築原料課および計画課に属していた従業員が，水上氏のところに集まり，彼らがこれから新しく設立しようとしている会社の社長になってくれるようにと頼んできた。水上氏は，自分は代表にはなるが，元三井物産株式会社の専務取締役であった新関氏にその新会社の社長となるように頼んだ[39]。

この元原料部従業員を中心とした新会社の名前は，第一物産[40]となり，19

---

[38] 1945年に資産が凍結され，1946年4月20日に持株会社整理委員会が設立され，1947年7月3日に総司令部が解体命令を下した。

[39] 新関氏はすでに同じように他の部の人々が集まって設立された新会社の社長をしていたので，同時に2つの新会社の社長を務めることとなった。

万5000円の資本金であった。20万円以上の資本金の企業は、新会社設立にあたり許可を受けなくてはならず、大変長い期間待たされるため、まずはこの額でスタートし、後で資本金を増大していくという道を選んだのである。

この19万5000円の資本金は、新会社設立当時のすべてのメンバーにより支払われ、旧三井財閥家族の資本金からは完全に独立のものであった。200に分離された新会社は多かれ少なかれこのような方法で設立された。つまり元三井物産の課および部の従業員が集合して、個人の資本金をもとに新会社を別々に設立していったと考えてよい。そして、第一物産がビジネスを拡大していくに従ってその他200の新企業を合併していき、最終的に1959年には三井物産[41]という元の名前を取り戻したというわけである。

それでは次に、財閥解体以前と以後で企業・銀行の構造がどのように変化したのかをみていく。

4-3-1-3　財閥解体以前・以後における企業および銀行の構造
4-3-1-3-1　財閥解体以前・以後の企業構造

1) 解体後の重要な変化は、企業がどれだけ、いつ、何を投資するかを決定する自由を得たことである。解体以前には、最高持株会社が企業の投資に関してすべての決定権を持っていた。自由な投資決定権を得たことが、個々の企業が競争してそれぞれの責任のもとに成長をとげるという機会と可能性を与えた。

2) 2つの大商社解体を通じて、企業は技術を個々のリスクのもとで外国から自由に輸入することができるようになった。解体以前には、例えば三井財閥下の企業であれば、三井物産株式会社を使用しなくてはならなかった。

3) 人的結びつきの解体から、企業の経営者が育成された。解体以前には、財閥家族がすべての役員を任命し、すべての経営を支配していた。

4) 解体以前には、企業はそれぞれの属する財閥金融機関に依存していた。

---

[40] 三井という名前は、新会社に使用してはいけなかった。
[41] この新しい三井物産と財閥下の元三井物産との違いは、財閥家族と最高持株会社と企業との間に垂直的所有関係や人的関係が存在しない点である。

解体後，企業は財閥銀行以外の金融機関をも利用できるようになった。

4-3-1-3-2　財閥解体以前・以後の銀行構造
銀行構造の全体像

1945年には，企業の外部金融は内部金融の約10倍であり，その外部金融の90％が銀行融資からであった。1957年には，外部金融と内部金融の差は縮まったが，外部金融の90％が銀行融資からなっていることは変化しなかった。1962年には，外部金融が内部金融の約2倍であり，銀行融資の割合は，今日まで高い値を示している。

日本の銀行構造のもう一つの特徴は，都市銀行と長期信用銀行が一方で存在し，もう一方で地方銀行が存在する点である。日本銀行（Bank of Japan: BOJ）は，都市銀行・長期信用銀行であろうと地方銀行であろうと法律上は平等に融資しなくてはならないのに，実際は都市銀行と長期信用銀行へは融資をするが，地方銀行へは融資をしない。従って，都市銀行はその貯蓄預金高以上に大企業へ融資を行い，いざというときには日本銀行から融資を受けられるという立場にある。それに引き換え，地方銀行は，そのような融資はないわけであるから，独自の足で立っていなくてはならない。

財閥解体以前と以後

財閥解体以前は，財閥関連企業が唯一融資を受けられるのは，その企業が属する財閥銀行からであった。財閥解体後は，財閥と企業とのこのような垂直的関係がなくなった。金融機関に関連しての三井財閥の例が示すように，三井財閥関連企業の三井銀行および三井関連金融機関からの融資の割合は，表4-8が示しているように1961年でもまだ高いが，他の銀行からの融資も可能となった。従って，銀行セクターは，解体リストには含まれなかったが，財閥家族との所有権の結びつきも経営支配の結びつきも財閥解体の結果，完全に変化したといってよい。

このように財閥解体，農地改革，労働の民主化改革を通じて，財閥家族支配の寡占体制が戦後日本において解体された。

さらに戦時経済下での財閥支配的体制から民主的市場経済へ移行を進めるために，ドッジ・プランと呼ばれる，新古典派的意味での安定プログラムが，

表4-8 三井中核会社各社の三井銀行，他の三井系金融機関からの借入高の，1961年現在の各社総借入高に対する比率，および部外機関からの最高借入高の比率

(単位：100万円)

会社	総借入高	三井銀行	他の三井系金融機関	三井の割合(％)	部外最高借入機関	(％)
三井鉱山	24.166	3.146	2.507	23.65	北海道拓殖銀行	11.81
三井金属	5.833	1.070	1.200	38.92	興業銀行	29.45
三井船舶	6.832	1.639	500	31.31	勧業銀行	23.86
三井化学	8.515	2.512	1484	46.93	長期信用銀行	13.15
三井物産	82.881	20.387	2731	27.89	東京銀行	19.39
三井倉庫	1.190	426	376	67.40	日本生命	9.75
三井不動産	11.675	2.517	3104	48.15	常陽銀行	8.03
三井建設	1.446	387	496	61.06	北海道拓殖銀行	7.40

出所：E. Hadley, 1971, p. 193.

総司令部により1949年4月に導入された。

4-3-2　ドッジ・プラン[42]

4-3-2-1　ドッジ・プランの過程

　第二次世界大戦直後，政府財政を再建するために，大蔵省は国民全員に資本課税を課した。そのために現金に関しては，すべてが，新円への切替えを条件に，銀行へ預金しなくてはならなかった。その預金は封鎖された。そして各家計は1ヵ月当り500円を上限として引出し可能であった。この対策は，「経済危機緊急対策」であり，1946年3月に課された。政府は，これによって民間購買力を抑制し，インフレーションを下げることを目標とし，生産が復興するのを待つという考えであった。

　消費者物価上昇率（1934年から1936年を1として）は，1947年では2.16％であったのが，すでに1948年には減少し始めており，1950年まで下がり続けた。卸売価格上昇率（1934年から1936年を1として）は，1946年では4.64％であったのが，1947年には減少し始め，1950年まで下がり続けた

---

[42] ドッジ・プランは，米国政府に指名された銀行家であるドッジ氏により，1949年に日本に課された安定プログラムである。

第4章　戦時経済計画体制と社会主義経済計画体制との類似性

表4-9　インフレーションの動向（1934年―1936年の平均＝1）

	卸売物価	前年比	消費者物価	前年比	自由および闇価格	
					生産財	消費財
1945	3.5	1.51	―	―	―	―
1946	16.3	4.64	50.6	―	7.2	8.3
1947	48.2	2.96	109.1	2.16	5.3	5.1
1948	127.9	2.66	189.0	1.73	2.9	2.9
1949	208.8	1.63	236.9	1.25	1.7	1.8
1950	246.8	1.18	219.9	0.93	1.2	1.3
1951	342.5	1.39	255.5	1.16	1.1	1.1

出所：卸売物価（日本銀行，統計局），消費者物価（総理府，統計局），自由および闇価格（日本銀行，統計局）。

（表4-9）。この事実をふまえてドッジ・プラン導入の結果を 4-3-2-3 でみていく。

経済安定本部が1946年に設立され，司令部の命令のもとにその役割を拡大していく。

1) 経済安定本部は，1948年に「中間的経済安定プログラム」を総司令部に提出した。このプログラムの中心的考え方は，まず外国からの資金援助を通じて消費財供給を増大することによりインフレーションに対処していくということであった。このプログラムは実際には導入されなかったが，この考え方が人々にインフレーションをコントロールしなければいけないのだとして行動に影響を与えたという意味において重要な役割を果たしたといえる。

2) 同時に総司令部自体，経済安定に関する独自の考え方を持っていたので，日本の経済安定本部と総司令部の両方が，日本のための安定プログラムを準備していた。

3) これら両方の安定プログラム案を入れて，米国政府は「経済安定9原則」[43]を指令した。

経済安定9原則に基礎をおいたドッジ・プランは，1949年に導入された。しかしここで考慮しておかなくてはならない点は，上に述べてきたように日

本ではすでに卸売物価も消費者物価も1948年には減少し始めていた点である（表4-9）。この理由としては，食糧生産がすでに増加し始めていた点，税収入の増大，およびその他の工業生産の増大をあげることができる。このような状況下でドッジ・プラン（厳密なデフレ政策）も導入することができ，さらにその効果を出すことができた。というのは，日本では経済成長をとげるうえで市場の基本が既にできていたからであった。この点は，チェコ共和国の移行における安定化プログラム導入のさいと日本の状況を比較するうえで重要なポイントである。黒田昌裕（1993）は次のように言っている。「ドッジ・プラン導入以前においても日本のインフレーションは減少し始めており，ドッジ・プランは，さらなる安定をもたらすのに貢献した。」

4-3-2-2　ドッジ・プランの内容

ドッジ・プランは，経済安定9原則を基礎に次の3つの重要な原則から成っている。

1. 均衡財政
2. 補助金の削除
3. 単一為替レートの設定

しかしながら総司令部は，ドッジ・プラン導入により単にデフレ政策のみ課すのでなく，同時に「見返り資金」を設立し，企業への融資を可能にもした。さらに，不足している資源を最も必要なセクターへ自由競争のもとで配分していくために，日本開発銀行および政府の産業政策をも認知した。このように総司令部も日本政府も，単に安定化政策および財閥解体といった改革を単発のショック・セラピー政策として導入したのではなく，政府主導による資金融資供給およびその効率的配分を促す産業政策が同時に導入された。この点は，第5章で説明する。

---

(43) 経済安定9原則：米国政府から日本政府に提示するために総司令官に送られた指令であり，主に単一為替レートおよび均衡財政の確立が目的とされていた。これがドッジ・プランの基礎になっている。

4-3-2-3 ドッジ・プラン導入以前・以後のインフレーション

表4-9でみたように消費者物価指数および生産者物価指数の前年度比上昇率は，1948年にはすでに減少し始めていた。ここでは，現実の市場価格を反映している闇価格の動きを追うことにより市場価格が機能し始めたのかどうかをみる。

ドッジ・プラン導入（1949年4月）以前には，政府の価格統制がいくつかの財に対して行われていた。このことが二重価格制度（統制価格と闇価格）を1949年まで作りあげていた。

１．ドッジ・プラン以前

表4-10で注目されるのは闇価格である。というのは，これがこの状況下では市場価格を示しているからである。この表から，闇価格は，1949年のドッジ・プラン導入以前の1948年後半にはすでに安定し始めていることがわかる。さらに，実効価格との比較において，消費財物価は，1947年6月には闇価格との差がなくなってきていることがわかる。生産財物価に関しては，1949年に入ってから差がなくなってきている。

２．ドッジ・プラン以後

1949年4月ドッジ・プラン導入以後は，消費財および生産財両方の闇価格の急激な減少がみられた。1949年3月には，消費財の闇価格上昇率は22.4％であったのが，6月には5.4％にも減少し，9月にはマイナス1.5％，12月にはマイナス14.8％，1950年3月にはマイナス32.6％，6月にはマイナス40.1％まで下落した。生産財の闇価格もまた同じ動きを示した。1949年3月の上昇率は4.6％であったが，6月にはマイナス2.9％，9月にマイナス17.7％，12月にマイナス24.9％となり，1950年3月にはマイナス31.7％，6月にマイナス29.9％を示した。

このように財閥解体とドッジ・プランは，日本経済制度の移行に重要な役割を果たしたが，さらに次の点も付け加えるべきである。歴史的に日本は，戦前・戦中・戦後を通じて基本的に常に市場経済制度下にあった。銀行の役割もまた戦前・戦中を通じて重要でありかつよく機能していた。さらに，発展政策のための政府の役割も歴史的に日本には存在していた。農地改革は，

表 4-10 物価の動き (1946年3月—1952年12月) ——対前年同月上昇率 (%)

	日銀闇消費財物価	日銀闇生産財物価	総理府実効消費財物価	日銀実効生産財物価
1946. 3	100.0	—	—	—
6	102.6	—	—	—
9	87.8	100.0	100.0	—
12	113.3	129.8	106.2	—
1947. 3	155.1(55.1%)	201.1 —	147.5 —	100.0 —
6	213.8(108.5%)	282.4 —	211.9 —	124.8 —
9	243.9(177.9%)	369.7(269.7%)	283.6(183.6%)	197.2 —
12	284.7(151.4%)	403.4(210.9%)	297.7(180.3%)	224.4 —
1948. 3	329.6(112.5%)	456.5(127.1%)	342.9(132.6%)	230.0(130.0%)
6	387.8(81.4%)	463.2(64.0%)	370.6(74.9%)	256.0(105.2%)
9	379.6(55.6%)	475.4(28.6%)	453.1(59.8%)	417.7(111.8%)
12	392.3(37.8%)	483.8(19.9%)	481.9(61.9%)	430.4(91.8%)
1949. 3	403.6(22.4%)	477.6(4.6%)	528.2(54.0%)	457.1(98.8%)
6	408.7(5.4%)	450.0(−2.9%)	520.9(40.5%)	490.3(91.5%)
9	374.0(−1.5%)	391.2(−17.7%)	529.9(17.0%)	501.7(20.1%)
12	334.2(−14.8%)	363.1(−24.9%)	506.8(5.2%)	526.1(22.2%)
1950. 3	271.9(−32.6%)	326.2(−31.7%)	482.5(−8.7%)	537.1(17.5%)
6	244.9(−40.1%)	315.3(−29.9%)	467.8(−10.2%)	532.5(8.6%)
9	280.6(−25.0%)	382.4(−2.2%)	492.7(−7.0%)	602.8(20.1%)
12	295.9(−11.5%)	430.1(18.5%)	501.7(−1.0%)	690.5(31.3%)
1951. 3	341.8(25.7%)	558.6(71.2%)	557.6(15.6%)	808.4(50.5%)
6	325.5(32.9%)	— —	553.1(18.2%)	939.2(76.4%)
9	323.0(15.1%)	— —	583.6(18.5%)	— —
12	325.5(10.0%)	— —	589.8(17.6%)	— —
1952. 3	— —	— —	591.5(6.1%)	— —
6	— —	— —	589.3(6.5%)	— —
9	— —	— —	597.2(2.3%)	— —
12	— —	— —	591.0(0.2%)	— —

出所：大蔵省財政史室編『昭和財政史』第10巻 pp. 470, 548, 562.

第4章 戦時経済計画体制と社会主義経済計画体制との類似性

総司令部による農地改革導入より50年も以前から日本政府によって少しずつ段階的に導入されていた。このように市場経済の基礎がすでに存在していたといえる。このような条件下で財閥解体，農地改革，労働の民主化，そして安定化政策としてドッジ・プランが導入されたわけだが，日本が持続的成長・発展をとげていくためには，次の問題点が存在していた。

1. 資本市場が未熟であった。
2. 企業，銀行，そして一国経済全体において資本不足が存在した。
3. 国内貯蓄をいかに競争的企業に効率的に配分するかの確かなルートが創られていなかった。

従って，第二次世界大戦後，日本において財閥解体，農地改革，労働の民主化，およびドッジ・プランの導入により民主的市場経済制度が設立されたことは事実である。

しかしながら，競争市場が機能し始めて，持続的成長へと導くには，上に述べた主に3点の構造的問題点を解決することが必要であった。

このような構造的問題の解決のために，政府の役割（産業政策）および長期融資として国内貯蓄を競争的企業へ配分する政府金融機関の役割，そして戦後日本における企業の役割を第5章でみる。使用した産業政策のタイプによって時期を分ける必要があり，1945年から1950年と1950年から1955年であるが，次章では後期を主に取り上げている。というのは1950年から1955年に使用された産業政策は，単なる補助金を与える政策でなく財閥解体およびドッジ・プラン導入後，競争的市場経済制度をなるべく早急に設立して構造問題を解決し，経済成長をとげていく政策であったからである。

第5章　産業政策に基づく特別金融機関の機能

　1945年から1955年の間にとられた産業政策は，戦後日本の持続的成長達成の一つの原由ということができる。1945年から1950年にとられた産業政策は，復興金融公庫を通じての政府補助金であったのに対して，1950年から1955年にとられた産業政策の目標は，日本開発銀行がその他の商業銀行と共に，国内貯蓄を効率的に競争的企業へ配分するルートを創ることによって，企業をリストラすることであった。この章では，日本が1950年から1955年の間にとられた産業政策のもとで，金融セクターを通じて競争的企業を創っていった点を分析し，そしてこの方法がチェコ共和国における企業および銀行の構造問題解決の参考になるのかを検討する。

5-1　産業政策の役割

　産業政策と一言でいっても，その国がおかれている時期と状況によってそれぞれ異なったタイプの政府介入が存在する。例えば，日本のある時期にとられた産業政策は，他国の産業政策とは異なっている。というのは，各国それぞれ異なった歴史的背景，経済および政治の発展レベル，教育レベルおよび政治制度を持っているからである。計画経済体制から市場経済体制への移行をとげたチェコ共和国においては，産業政策という言葉自体が前政権を思いおこさせることから，政府介入に関するあらゆるものに拒絶反応を示したのも当然であった。

　しかしすでに移行後10年以上経過しており，自由化政策，安定化政策および私有化政策を導入するのみでは，その目標であった成長・発展をもたらさなかったことは，第3章で示した通りである。チェコ共和国は，未だに西

側諸国（特に欧州連合諸国）とキャッチング・アップのレベルにあるので，なんらかのハンデイキャップは考慮されるべきである。従って，市場経済体制が未熟であるチェコ共和国において，なんらかの政府の役割は考慮されるべきである。

　市場経済体制への政府の介入には通常2つのケースが存在する。第一は，ケインズ政策であり，総需要が政府の財政・金融政策により調整される場合で，総需要は政府介入により調整されるが，供給側の資源配分は自由市場メカニズムにより決定される。第二は，供給側の資源配分が部分的に政府の産業政策を通じて調整される。この章では，日本で導入されたこの第二のタイプを取り上げるが，このタイプは，ある国が競争的市場経済をなるべく早くに立ち上げることが必要で，キャッチング・アップのレベルにあるときのみに採用することを許される。産業政策のこのタイプは，移行諸国においても市場経済が機能し始めるまで役立つものであり，社会主義計画経済体制下でのチェコスロバキアでとられた産業政策とは当然異なったものであり，さらには，一般の発展途上諸国でとられている産業政策とも異なったものである。

5-2　戦後日本（1945年－1970年）の産業政策

　ここでは，産業政策そのものを細かく定義することなく，戦後日本において財閥解体，農地改革，労働の民主化改革およびドッジ・プラン導入後，導入された産業政策の例をとりあげる。

　1951年サンフランシスコ平和条約が結ばれ，日本は独立した。これは経済の面でも独立を意味した。競争的市場経済の創立を早く進めるにあたり，日本は財政・金融政策のみでなく，企業のリストラ，生産の増大，技術レベルの向上によって供給側を強調するための産業政策をもった。

　1951年の「企業合理化促進」政策は一つの例である。この政策の目標は，企業が未だに使用していた旧式機械設備を近代化することである。「産業合理化促進」政策は，3つの部分から構成されていた。第一部門は産業構造の合理化，第二部門は産業部門のサイズの合理化，第三部門は企業の合理化で，労働力・経営・生産の合理化を含んでいる。本書では主として企業の生産側

5-2 戦後日本（1945年－1970年）の産業政策

面の合理化を取り扱っているが，当然のことながら産業構造全体の合理化，産業サイズの合理化ともまた，相互に関連が深い。

本書では，機械製造企業を合理化政策の例として取り上げる。というのは，機械部門がその他部門の企業近代化のための中心的存在であったからである。機械企業合理化政策を促進するにあたり，特に長期融資が必要となった。これは，株式市場を通じて（直接金融）または金融機関を通じて（間接金融）

図5　戦後日本における金融機関

```
                        金融機関
                   ┌──────┴──────┐
              民間金融機関          政府系金融機関
        ┌──┬──┬──┬──┐     ┌──┬──┬──┐
       都市 長期信用 信託 地方   日本開発 輸出入 中・小企業銀行
       銀行  銀行  銀行 銀行    銀行    銀行  あるいは
            (IBJ, LTCB)                    農・林企業金融銀行
```

IBJ：日本興業銀行
LTCB：日本長期信用銀行

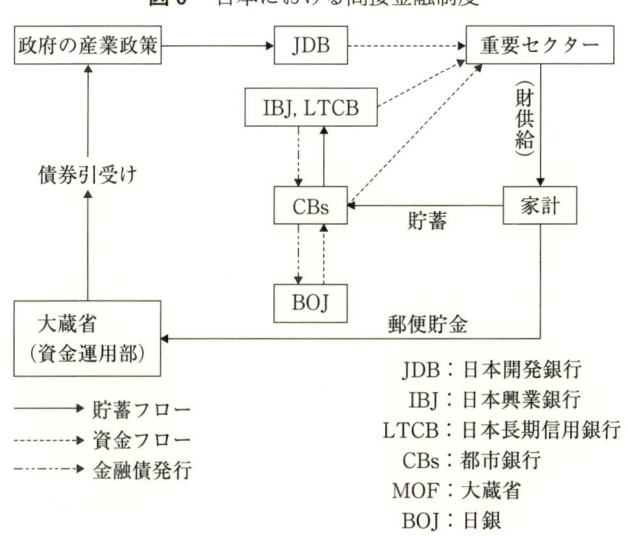

図6　日本における間接金融制度

```
政府の産業政策 ──→ JDB ┄┄┄┄→ 重要セクター
     ↑                              ↑ (財政
     │         IBJ, LTCB            │ 供給)
   債券                              │
   引受け         ↕↕                  │
     │          CBs  ←── 貯蓄 ── 家計
     │           ↕↕
     │          BOJ       郵便貯金
   大蔵省 ←─────────────────────┘
  (資金運用部)
```

──→ 貯蓄フロー
┄┄→ 資金フロー
─ ─→ 金融債発行

JDB：日本開発銀行
IBJ：日本興業銀行
LTCB：日本長期信用銀行
CBs：都市銀行
MOF：大蔵省
BOJ：日銀

（出所：著者）

のいずれかにより実現する。戦後日本のように株式市場が未発達である場合，間接金融の役割が重要であった。

間接金融は，政府および民間の長期信用銀行を通じて企業へ融資された。仮に都市銀行のみにまかせていたなら，長期融資をリスクのある部門へは融資しなかったであろうから。本書では，政府長期信用融資銀行の例として，日本開発銀行を例にとっている。日本開発銀行は，政府の産業政策にそって経済部門への融資を主に行っていた。さらに日本興業銀行を民間の長期信用融資銀行として例にあげ，さらに双方，即ち日本開発銀行と日本興業銀行がいかに協力して融資を行っていったかをみてみる。

まず最初に，日本開発銀行の役割を主に説明し，そして，いかに日本興業銀行と協力して企業へ長期融資を行っていったのかを説明する。しかしこれらの説明の前に，金融機関の機能と構造（図5）を説明しておきたい。そして，日本における間接金融制度（図6）と日本の間接金融の役割（表5-1）を簡単に説明しておきたい。

5-3　戦後日本の金融機関

商業銀行は，都市銀行，長期信用銀行および地方銀行から成っている。政府系銀行は，日本開発銀行，輸出入銀行，

表5-1　金融市場からの融資（間接金融および直接金融の割合）

（単位：億円）

	1954年	1955年	1956年	1957年	1958年	1959年	1960年	1961年	1962年	1963年	1964年
金融機関	8729	8989	16096	15681	18357	22964	28915	33196	60026	60814	57441
融資	6588	7079	13483	15781	15425	19302	25556	31422	53661	53339	48786
証券	2141	1910	2613	−100	2932	3662	3359	1774	7365	7475	8655
銀行およびその他の機関	5671	5798	12019	10870	13068	17437	20640	24417	32188	46592	43552
銀行	4411	4137	9932	8775	10059	12459	15092	15581	20476	33656	29642
（都市銀行）	2822	3436	9614	10770	8571	11371	15849	18395	18574	32571	25250
中・小企業金融機関	837	1111	1409	1889	2128	3747	4678	6884	9172	10031	8304
農林漁業金融機関	423	550	678	206	881	1231	870	1952	2540	2905	5259

5-3 戦後日本の間接金融制度

信託／保険	871	1226	1367	1822	1871	2097	3500	3690	4464	5778	5902	
信託	393	942	697	506	811	1428	1605	1865	2298	3722	3099	
保険	357	429	678	954	968	1232	1512	1936	2205	2723	3165	
公的金融機関	2187	1965	2710	2989	3418	3430	4775	5089	6374	8444	7987	
証券市場	1524	938	2046	3329	3244	3650	6697	13436	7951	6252	8516	
個人	982	459	1379	1472	1410	1412	2290	4566	4150	3641	4344	
企業	405	488	613	1173	758	495	1447	2963	2696	2095	5660	
投資信託	26	−172	18	478	684	1049	2643	5358	669	404	−464	
証券会社					130	394	369	435	396	26	−581	
外国資本市場	495	537	935	545	500	1227	1383	3063	1627	5350	3442	
合計	10748	10464	19077	19555	22101	27841	36995	49695	52604	72416	69399	
（前年比）		−2.6	82.3	2.5	13	26	32.9	34.3	5.9	37.7	−4.2	
比率（％）												
金融機関	81.2	85.9	84.4	80.2	83.1	82.5	78.2	66.8	81.8	84	82.8	
銀行およびその他の機関	52.8	55.4	63	55.6	59.1	62.6	55.8	49.1	61.2	64.3	62.8	
銀行	41	39.5	52.1	44.9	45.5	44.7	40.8	31.3	38.9	46.5	42.7	
（都市銀行）	26.3	32.8	50.4	55.1	38.8	40.8	42.8	37	35.3	45	336.4	
中・小企業金融機関	7.8	10.6	7.4	9.7	9.6	13.5	12.6	13.9	17.4	13.8	12	
農林漁業金融機関	3.9	5.3	3.5	1	4	4.4	2.4	3.9	4.8	4	7.6	
信託／保険	8.1	11.7	7.2	9.3	8.5	7.5	9.5	7.4	8.5	8	8.5	
公的金融機関	20.3	18.8	14.2	15.3	15.5	12.3	12.9	10.2	12.1	11.7	11.5	
証券市場	14.2	9	10.7	17	14.7	13.1	18.1	27	15.1	8.6	12.3	
外国資本市場	4.6	5.1	4.9	2.8	2.2	4.4	3.7	6.2	3.1	7.4	4.9	

出所：日銀金融年報『日本資金循環表』1995 年から作成。

中・小企業金融機関,農林企業金融機関から成っている(図5)。都市銀行は,主に短期融資を大企業へ供給し,地方銀行は,主に中・小企業へ融資している(表5-5)。しかしながら,日本の都市銀行は,それらのメインバンク制度を通じて,ある特定の諸企業へ短期資金を融資し続けているので,長期信用金融を融資しているのと同じ機能を持っていたといえる。

日本興業銀行と日本長期信用銀行は,長期融資を大部分は大企業に行っていた。同時に日本開発銀行もまた長期融資を企業に行っていた。さらに重要なこととして,日本開発銀行は,大企業および中・小企業への長期融資を,徐々に日本興業銀行と都市銀行へ協力して移譲していった。政府系銀行と日本興業銀行および都市銀行間の協力関係はいかにして行われたのであろうか? この問いに答えるために,まず日本における間接金融構造がいかに機能していたかをみる。

5-4 戦後日本の間接金融制度

1951年に朝鮮戦争が勃発し,日本企業は,米軍の特需を通じて,設備投資が増大し始めた。企業はまだ資本不足であったため,一斉に都市銀行から借り始めた,そのために都市銀行ではオーバー・ローン問題が発生した。従って,政府は都市銀行に,単独で融資せず,政府系金融機関である日本開発銀行との協力においてのみ融資するよう提案した。

図6は,いかに家計貯蓄が,都市銀行のみでなく政府系銀行および民間の長期信用銀行によって,経済の戦略的分野へ配分されていったかを示している。民間貯蓄は郵便貯金を通じて大蔵省内の資金運用部に流れ,この資金が政府系銀行である日本開発銀行に流れ,そこから政府の産業政策(例えば企業合理化促進政策)にそって,経済のある特定分野へ融資されるという仕組みである。1952年に公布された「長期信用銀行法」は,次の銀行に銀行債を発行する特別な権利を与えている。すなわち,日本長期信用銀行,日本債券信用銀行および日本興業銀行であった。都市銀行へ預金された貯金の一部は,都市銀行が日本興業銀行から金融債を購入するという形で日本興業銀行へ流れ,日本興業銀行はそれを企業へ長期信用融資として貸し出した。このように日本開発銀行も日本興業銀行も企業への長期融資の増大に貢献した。

都市銀行が日本興業銀行から金融債を購入するのは，それが日本銀行によって保障されていたからである。都市銀行はその金融債を日銀に持ち込み，その代わりに日銀からの融資を受けていた。さらに都市銀行もまた長期金融融資を企業へ行うようになってきた。というのは，日銀が可能なリスクをカバーしてくれるからである。このような過程を通じて，政府銀行も商業銀行も長期信用融資を経済の戦略分野へ融資できるようになり，同時に債券市場の発展にも役立ったのである。

5-5 戦後日本の間接金融・直接金融のパーセンテージ（1954年－1964年）

表5-1は，1954年から1964年までの間の金融市場からの融資と間接金融および直接金融の割合を示している。1954年には間接金融は，金融供給全体の81.2％であり，直接金融は，たった14.2％にすぎず，その他4.6％は外国市場からであった。

間接金融81.2％の中で商業銀行の割合は41.0％であり，政府金融機関の割合は20.3％であった。1955年以降，商業銀行の役割は増大し，例えば1956年には50.4％を占め，1957年には55.1％へと増大した。同時に政府銀行の役割は減少し，1955年には18.8％，1956年には14.2％，1957年には15.3％となった。

表5-1をまとめると次のようになる。1954年から1964年の間は，間接金融の割合が直接金融の割合よりも圧倒的に大きかった。さらに政府金融機関は，1954年までは重要な役割を果たしたが，1955年以降は商業銀行へその役割を転換していったことがわかる。

次に，いかにして経済の重要な分野への融資が，政府金融機関である日本開発銀行から商業銀行である日本興業銀行へ転換されていったのかをみる。さらに，いかにして日本開発銀行が日本興業銀行と協力して産業政策の下で産業セクターへ融資を行っていったのかをみる。

第5章　産業政策に基づく特別金融機関の機能

5-6　日本開発銀行の役割と機能
　　　（日本興業銀行および都市銀行との協力において）

　日本開発銀行の問題に入る前に，1946年設立された政府長期融資金融機関である復興金融公庫に関して説明をする必要がある。復興金融公庫は，日本開発銀行とは違い，日銀引受けによる証券によって融資されていたので，インフレーション増大の原因でもあった。政府はドッジ・プランによりこの復興金融公庫による貸出オペレーションを1949年に廃止することになったが，これが経済の再建に対して主たる制約となった。つまり，経済における投資金融の不足が，弱い資本市場とともに始まろうとしていた。そこに朝鮮戦争からの特需も生じ，産業セクターからの資本需要が増大したことから，総司令部は，1951年に政府が日本開発銀行を設立することを奨励した。このように日本開発銀行は，政策の実施に基本を置いた投資金融であり，その源泉は復興金融公庫信用および見返り資金(44)からの資金を受け継いだものであった。

　しかしながら，日本開発銀行は，復興金融公庫とは際立って異なった点を持っていた。毎年，政府はその基本政策方針を基本オペレーション・プランに示した。そこで示されているのは，日本開発銀行は融資先企業を独立に選択し，また独自で融資決定をするという点である。それに対して，復興金融公庫の決定権は，完全に政府にあった。さらに1952年には，長期信用銀行法が制定され，日本興業銀行と日本長期信用銀行が民間長期信用金融機関として新しく設立された。

　日本開発銀行の資本源は，主に政府借入れであった。この政府借入れの主な原資は，郵便貯金，つまり個人貯金であり，年金基金であり，財政投融資であり，これらは大蔵省の中の資金運用部に集められた。またこの資金運用部からどれだけ日本開発銀行が借り入れられるのかは，大蔵大臣が決定した。

---

(44)　見返り資金は，1949年ドッジ・プランにより撤廃された復興金融公庫の後に設立された基金である。

5-6 日本開発銀行の役割と機能（日本興業銀行および都市銀行との協力において）

　政府が通商産業省（Ministry of International Trade and Industry: MITI）を通じて創りあげた政策を日本開発銀行に提案するが，日本開発銀行は，そのすべてを取り入れる必要はなく，独自でどのセクターのどの企業に融資していくのかの決定権を持っていた。あるセクターのある企業を選択するうえで，日本開発銀行は，この企業が期日までに返済可能であるのかどうかを厳しく査定したうえで，さらにその情報を通産省に戻して融資決定を行った。その決定において個々の企業セクターの重要な情報を与えてくれるのが主に「業界団体」であった。

　業界団体の直接的な英語訳は Industry Association か Trade Association となろうが，この業界団体とは，単に利益団体でなく，政府の産業政策の目的を企業に情報伝達するし，また逆に企業側の状況を政府に情報供給し，それを基に政府は産業政策を決定していくというように，企業と政府の相互間の情報提供という機能の意味が大きかった。

　そして産業政策を作成および決定していた主たる人々は，戦時計画経済制度が作動しなかったことを最もよく知っていた人々であった。業界団体がいかに発展し，そしてどのような機能を持っていたのかの例として，機械工業の金型（米倉，1993）によく示されている。金型産業の発展は，戦後日本経済発展にとって本質的な貢献であった。

　通産省は，まず金型生産者に，別々の基準で生産しているのは非効率的であるとし，組合を作ることを提案した。この通産省からのメッセージは，計画経済体制下でのような命令的メッセージではなかった。

　通産省のこの提案に対して企業が反応し，独自のイニシアティブのもとで日本金型工業組合を形成した。金型は，ほとんどが中・小企業により製造されており，日本金型工業組合設立以前には，それぞれが勝手なサイズの金型を製造しており，またどれだけの数の中・小企業が存在していたのかも把握できていなかったが，この組合の設立後は，すべての金型産業が一つのまとまった産業セクターとして扱えるようになった。この例が示すように，政府・企業間の協力を通じて産業政策を進めていくのが日本の特徴である。

　さらに通産省は，機械工業の近代技術促進のために機械工業審議会を設立した。この審議会の下には，さらに細かい部門の特別部局が存在した。この部局は，収益性およびリファイナンス能力の調査といった企業の細かい情報

等を調査する。審議会およびその下にある特別部局もまた，業界団体から企業の協力の下で情報を収集した。

いかにして日本開発銀行は，あるセクターのある企業を選択して融資をしていったのか？

審議会は，行政機関に属し，産業政策決定のために民間産業と政府間の合意を得るために，政府により提案される政策を論議するために設立された組織である。審議会のメンバーは，学者，企業の社長，その他多くの職種の人々からなり，自由な議論を通じて政府が提案した産業政策に答申した。この制度の主旨は，政府の政策をこの組織によりチェックすることにより，戦時体制下のような一面的な産業政策になってしまうことを避けるためであった。審議会の中で，業界団体のメンバーが，どの企業が融資を受けるのかの決定において重要な役割を果たした。

次に，日本開発銀行がいかにして融資先の企業を選択したかであるが，これは日本開発銀行が単独で決定したわけではなく，その他の多くの要因を考慮して決定されていた。その場合でも，各産業セクター別に存在する業界団体の役割は重要であった（繊維業界団体，機械業界団体，等々）。あるセクターへの融資枠は，そのあるセクターの業界団体へ，日本開発銀行から提示される。あるセクターの業界団体のメンバーは，そのセクターに属する企業の社長およびそのセクターの労働組合代表といった人々から成っており，彼らは，どの企業が今回融資をもらうべきかを，一緒に議論して考えた。当然，補助金と異なり，融資は，返済のリスクを持つので，融資をためらう企業も存在したが，多くの場合，設備投資のために融資を競争して受けようとした。日本開発銀行は，最終的にどの企業が融資を受けるかを公式に発表するわけであるが，そのためには，審議会のもとにある業界団体を通じてその企業を精査して融資を決定するわけである。

融資を受けることが決定された場合，融資を受けること以外にも重要なメリットとして，政府の長期展望戦略の情報を直接知ることができることであり，政府にとってのメリットは，そのセクターおよび企業の細かい状況の情報を得ることができる点であった。

5-6 日本開発銀行の役割と機能（日本興業銀行および都市銀行との協力において）

表5-2 工場プラントおよび工場設備に新しく供給された資金額
（1953年―1955年） (単位：億円，%)

	1953		1954		1955	
民間融資	2876	56.7%	2531	59%	3056	63.4%
―銀行	1946	38.4%	1592	37.1%	1766	36.7%
（長期信用銀行）	(1031)	(20.3%)	(998)	(23.2%)	(1096)	(22.7%)
―その他	930	18.3%	461	22.8%	1290	26.7%
政府金融	1481	29.2%	1303	30.4%	1364	28.3%
―（政府金融機関）	(1286)	(25.4%)	(1030)	(24.0%)	(1023)	(21.2%)
―その他	195	3.8%	274	6.4%	341	7.1%
債券	111	2.2%	36	0.8%	67	1.4%
株式	607	11.9%	422	9.8%	331	6.9%
合計	5075	100.0%	4293	100.0%	4818	100.0%

出所：日本開発銀行，調査部，1976．

日本開発銀行により供給された産業プラントおよび設備基金

表5-2が示しているように，1953年には，全産業設備の20.3％が民間長期信用銀行によって融資されており，25.4％が政府銀行により融資されていた。1954年には，それぞれ23.2％と24.0％であり，1955年には，それぞれ22.7％と21.2％であった。1953年から1955年までの間は，政府および民間両方の長期信用銀行が重要な役割を果たしていたことがわかる。

長期信用金融の政府から民間への転換

1953年から1955年の間においても，表5-2で見たように，長期信用金融は徐々に政府から民間へと転換されていた。さらに1956年から1960年にかけては，政府の長期信用金融に占める割合は17.7％に下がり，民間の長期信用金融に占める割合は不変であったが，株式市場を通じての融資が，1955年の8.3％と比較して，1956年から1960年の間に21.6％に上昇した（表5-3）。

政府銀行・民間銀行間の協力関係

日本開発銀行は，民間銀行（特に長期信用銀行である日本興業銀行および日本長期信用銀行）と協力をして企業への融資を行っていった（表5-4）。

表5-4が示しているように，1951年に日本開発銀行からの融資の全企業

第5章 産業政策に基づく特別金融機関の機能

表5-3 工場プラントおよび工場設備への融資（1956年－1960年の合計）

(単位：億円)

	総産業	
	総額	割合
株式市場	14101	21.6%
株式	9965	15.3%
社債	4136	6.3%
民間金融機関	39680	60.7%
銀行	22306	34.2%
その他	17274	26.5%
政府資金	11502	17.7%
JDB	2999	4.6%
その他	8503	13.1%
合計	65183	100.0%

出所：『日本開発銀行25年史』p.81.

表5-4 日本開発銀行（JDB）およびその他機関からの融資 (%)

会計年度	JDB	LTCB・IBJ	都市銀行	地方銀行	その他	合計
1951	53.0%	21.7%	22.2%	1.1%	2.0%	47.0%
1952	50.0%	19.8%	19.0%	0.9%	10.3%	50.0%
1953	42.1%	28.9%	10.5%	1.8%	16.7%	57.9%
合計	47.8%	23.6%	16.7%	1.3%	10.6%	52.2%

出所：『日本開発銀行10年史』p.68.

に占める割合は53.0%であり，日本興業銀行および日本長期信用銀行からの融資の全企業に占める割合は21.7%であった。日本開発銀行の占める割合は，1952年には50.0%に，1953年には42.1%へ減少した。それに対して，日本興業銀行と日本長期信用銀行の占める割合は，1953年には28.9%へ上昇した。そして表5-5は，1953年から1955年にかけて長期信用銀行からの長期融資が持続的に上昇していることを示している。また都市銀行は，短期融資に集中した。

　ここで忘れてならないのは，プラントおよび設備投資への融資における外資の存在である。産業資金およびプラント・設備資金に占める政府資金が

5-6 日本開発銀行の役割と機能（日本興業銀行および都市銀行との協力において）

表5-5 短期融資および長期融資　　　　（単位：億円，%）

	1953			1954			1955		
	長期	短期	合計	長期	短期	合計	長期	短期	合計
銀行	2993 (100.0)	23559 (100.0)	26553 (100.0)	3641 (100.0)	25301 (100.0)	28942 (100.0)	3862 (100.0)	27899 (100.0)	31762 (100.0)
長期信用銀行	1354 (45.2)	781 (8.0)	2135 (3.3)	1901 (52.2)	833 (3.3)	2735 (9.5)	2327 (60.3)	918 (3.3)	3240 (10.2)
都市銀行	1257 (42.0)	15176 (64.4)	16434 (61.9)	1289 (35.4)	16055 (63.5)	17344 (59.9)	1080 (28.0)	17441 (62.5)	18522 (58.3)
地方銀行	366 (12.2)	6952 (29.5)	7319 (27.6)	431 (11.8)	7680 (30.3)	8111 (28.0)	440 (11.1)	8691 (31.2)	9131 (28.8)
信託銀行	14 (0.5)	648 (2.8)	663 (2.5)	19 (0.5)	731 (2.9)	751 (2.6)	13 (0.3)	852 (3.0)	866 (2.7)

出所：『経済統計1958年』日本銀行．

表5-6 政府資金および外国資本（%）

	政府資金／産業資金	政府資金（JDB）／プラントおよび設備資金						見返り資金／産業資金	外国資本	
		産業合計	繊維	化学	機械	鉄鋼	石炭		民間資本	外貨
1947	33.1									
1948	15.3									
1949	−0.6							1.8		
1950	−3.1							5.6	0.2	
1951	1.5							5.7	0.7	
1952	2.6	8.1	16.3	18.9	18.1	19.5	26.5	5.0	1.6	
1953	7.8	21.9	23.3	14.3	10.5	14.8	36.1	0.1	1.9	
1954	16.3	24.4	15.9	8.9	14.0	3.1	7.5		1.1	
1955	11.1	22.0	15.0	9.4	14.9	2.3	34.8		2.8	
1956	5.0	9.6	8.7	5.5	9.2	6.7	36.3		2.6	
1957	6.1	11.4	17.0	6.7	11.9	7.6	34.7		2.7	1.7
1958	7.3	12.8	13.9	9.2	10.8	4.9	26.7		6.0	7.2
1959	6.4	11.7	16.2	9.8	8.2	3.4	34.1		2.6	5.2
1960	5.5	8.7	10.6	5.0	6.1	2.9	44.3		2.6	3.8

出所：香西泰・寺西重郎（1993）『戦後日本の経済改革―市場と政府―』，東京大学出版会．

徐々に減少していることから，それを補助していたのが外資であることが，表5-6からわかる。特に，1955年以降において，外資と外貨の両方で産業資金と設備資金に占める割合が増大し始めているのがわかる（表5-6）。

第5章 産業政策に基づく特別金融機関の機能

日本開発銀行の利子率と貸出期間

日本開発銀行における利子率と貸出期間の条件は，どのようであったのか。日本開発銀行の目的は，民間セクターの長期融資を補助し，奨励するためであって，1951年の民間セクターの長期プライム・レートより低い標準的レベルである10％でスタートした。1952年から長期プライム・レートは下がりだし，1953年には10.6％，1954年には10.2％，そして1955年には10.2％となり，日本開発銀行の標準レートに近づいてきた。1955年には，長期利子率の一般的減少と共に，日本開発銀行の標準利子率は9％へと下げられ，1961年には8.7％となり，長期プライム・レートと同じレベルにリンクされた（表5-7）。

次に，金融期間のタイプ別による設備資金のためのローン返済期間を表5-8に示した。1955年には，都市銀行が平均で1.8年，そして長期信用銀行が平均で3.3年であった。それに対して日本開発銀行は，12.2年という長い期間を提供した。

このような長期金融融資が可能となった理由は，十分に余剰のある安定的資金が郵便貯金から供給されたからであった（表5-9）。

次に機械産業を例にあげ，日本開発銀行からの融資と，その融資を受けたセクターの経済成長および競争力との関係をみる。

5-7　日本開発銀行による機械産業部門への融資

5-7-1　1951年－1955年

1951年から1955年の間にとられた産業政策の目的は，主に経済の基本セクターの生産増大にあり，さらに，戦時期の企業の古いプラントや設備の近代化にあった。表5-10には，経済の基本セクターへの日本開発銀行融資の額が示されている。

これを一般産業セクターへの融資額（表5-11）と比較してみると，1951年から1955年までの日本開発銀行の一般産業への融資額は総額で389億4100万円であったのに対し，基本産業への融資額（総額で2122億8500万円）は，額で約5倍であった。しかしながら，重要なことは，日本開発銀行の一般産業セクターへの融資がすでにスタートした点であり，特に，機械セク

表5-7　政策金融金利：戦後の傾向（％）

	公式公定歩合	金融債利回り	産業債利回り	長期プライムレート	RFBによる融資金利	JDBスタンダード金利	JDB優遇金利（電力および海運業）	JDB優遇金利（石炭採掘等）	民間ビジネスのための援助融資	信託資金融資金利	郵便貯金：貯金証券金利
1945	3.29	4.20	4.29								
1946	3.65	4.20	4.34								
1947	3.65	5.34	5.75		6.6－8.4						
1948	5.11	6.33	9.86	14.0	7.0－10.6						
1949	5.11	8.96	10.42	12.0					7.5		
1950	5.11	8.50	9.21	12.0					7.5		
1951	5.84	8.51	8.98	12.0		10.0			7.5	6.5	3.15
1952	5.84	8.52	9.01	10.6		10.0	7.5		7.5	6.5	4.8
1953	5.84	8.52	9.00	10.6		10.0	7.5			6.5	4.8
1954	5.84	8.52	9.03	10.2		10.0	6.5			6.5	4.8
1955	7.30	7.92	8.23	10.2		9.0	6.5	6.5		6.5	4.8
1956	7.30	7.20	7.30	9.1		9.0	6.5	6.5		6.5	5.0
1957	8.40	7.62	7.72	9.1		9.0	6.5	6.5		6.5	5.0
1958	7.30	7.62	7.72	9.1		9.0	6.5	6.5		6.5	5.0
1959	7.30	7.62	7.72	9.1		9.0	6.5	6.5		6.5	5.0
1960	6.94	7.61	7.72	9.1		9.0	6.5	6.5		6.5	5.0
1961	7.30	7.30	7.41	8.7		8.7	6.5－7.0	6.5		6.5	4.7
1962	6.57	7.30	7.41	8.7		8.7	6.5－7.0	6.5		6.5	4.7
1963	5.84	7.30	7.41	8.7		8.7	6.5－7.0	6.5		6.5	4.7
1964	6.57	7.30	7.41	8.7		8.7	6.5－7.0	6.5－7.5		6.5	4.7
1965	5.48	7.30	7.41	8.7		8.7	6.5－7.0	6.5－7.5		6.5	4.7

出所：大蔵省財政史室『昭和財政史』、1976年および1983年、第12巻および第13巻。

第 5 章　産業政策に基づく特別金融機関の機能

表 5-8　金融機関のタイプ別による設備資金ローン返済期間の比較

	1955	1965
都市銀行	1.8	2.9
長期信用銀行	3.3	4.8
日本開発銀行	12.2	11.3

出所：日本銀行（1956）『経済統計日報』、日本銀行（1966）『経済統計日報』、『日本開発銀行 25 年史』（1976）。

表 5-9　郵便貯金の動向：収支変化

年度末	収支（10億円）	成長率（％）	増額（グロス）	増額（ネット）
1950	155	26.7	33	30
1955	538	18.3	81	62
1960	1,123	13.8	133	86
1965	2,703	21.2	471	369
1970	7,744	22.6	1,427	1,111
1975	24,566	26.4	5,135	3,804
1980	61,954	19.3	10,043	6,106
1985	102,998	11.0	8,990	2,882
1990	136,280	1.2	1,550	－5,141

出所：日本銀行『経済統計日報』、郵政省資料。

表 5-10　日本開発銀行融資（基本産業セクター）（1951 年－1955 年）

（単位：100 万円）

	1951	1952	1953	1954	1955	合計	
						総額	（％）
電気	2457	14767	43963	33834	22344	117376	55.3％
船舶	4704	5740	21461	16276	15936	64120	30.2％
石炭	3116	3521	4376	1939	3639	16591	7.8％
鉄鋼	3605	5778	3915	800	100	14198	6.7％
合計	13885	29806	73715	52849	42030	212285	100.0％

出所：『日本開発銀行 25 年史』、p.57。

表 5-11　日本開発銀行融資（一般産業）（1951 年－1955 年）（単位：100 万円）

	1951	1952	1953	1954	1955	合計	
						総額	（％）
機械	978	3430	626	668	1140	6482	17.6%
合成繊維	250	875	2083	1828	250	5241	13.5%
硫安	765	270	700	940	840	3515	9.0%
化学	1183	2386	1885	270	1220	6944	17.8%
製造されたガス	390	830	660	110	150	2140	5.5%
鉱業（石炭除外）	869	473	712	170	356	2576	6.6%
農・林・漁業	670	1599	962	225	263	3719	9.5%
輸送		799	648	135	556	2138	5.5%
産業関連施設	675	583	375			1633	4.2%
海外旅行	60	170	140			370	0.9%
その他産業	700	1260	81	236	435	2712	7.0%
新技術工業化	175	230	585	49	72	1111	2.9%
合計	6711	12905	9412	4631	5282	38941	100.0%

出所：『日本開発銀行 25 年史』，p. 60。

ターと化学セクターへの融資が重要性を示していた。機械セクターが，企業の設備投資の基本にあることから，ここでは機械セクターを例にとり，輸出の成長に与えた融資の効果を示す。

5-7-2　1956 年－1960 年

第一に，日本開発銀行の経済の基本セクターへの融資額を見てみる（表5-12）。1951 年から 1955 年の間と比較すると，基本セクターへの融資の割合は，その額は未だに大きいが，電気および鉄鋼セクターにおいては減少が見られる。

次に 1956 年から 1960 年の間の機械セクターの状況を見てみると（表5-13），日本開発銀行の機械セクターへの融資額は（1958 年を除いて）上昇し続けた。

第5章　産業政策に基づく特別金融機関の機能

表5-12　日本開発銀行融資（基本産業セクター）（1956年－1960年）

(単位：100万円)

	1956	1957	1958	1959	1960	合計 総額	合計 (％)
電気	17667	29730	25016	24720	21000	118133	50.0％
船舶	15477	18677	16703	18760	13056	82673	35.3％
石炭	3786	3964	6567	5065	6123	25505	10.9％
鉄鋼	1740	2450	1630	1150	850	7820	3.8％
合計	38670	54821	49916	49695	41029	234131	100.0％

出所：『日本開発銀行25年史』, p.57。

表5-13　日本開発銀行融資（一般産業）（1956年－1960年）　(単位：100万円)

	1956	1957	1958	1959	1960
電気	18,282	29,740	39,183	37,577	28,871
運輸	16,262	19,565	16,875	21,673	16,505
鉱業	4,130	4,314	6,897	4,905	6,998
金属	4,913	11,152	14,488	17,010	17,881
化学	870	2,712	3,770	6,820	4,610
機械	2,791	4,082	2,723	3,089	3,540
農・林・漁業	250	－	220	360	825
繊維	485	535	545	200	290
その他	1,539	670	1,561	4,477	8,072
合計	49,522	72,235	86,262	96,111	87,592

出所：『日本開発銀行10年史』, 1960年, p.40。

　次に，企業の資本サイズに照らした日本開発銀行の融資を見てみる（表5-14）。この表が示しているように，日本開発銀行の融資先は大資本サイズ企業から中・小企業へとシフトしていく傾向が見られる。大資本サイズ企業は，1955年の終りには民間金融機関から融資を受けることができた。それに対して，中・小企業は，機械セクターの部品メーカーが多く，1956年から1960年に産業政策を通じて育成された。

　次に，いかにして総産業の経済成長と機械セクターの経済成長が進展したかを見ていく。

表5-14 日本開発銀行融資（企業の資本サイズ別）(1955年—1959年)

(単位：100万円)

	1955年—1959年			1960年		
	企業数	融資額	(%)	企業数	融資額	(%)
3000万円以下	14	495	1.0%	139	3299	5.1%
3000万円以上5000万円以下	11	298	0.6%	52	1524	2.3%
5000万円以上1億円以下	13	1459	3.0%	59	3054	4.7%
1億円以上5億円以下	68	8735	18.0%	120	12126	18.6%
5億円以上	67	37559	77.4%	115	45168	69.3%
合計	173	48546	100.0%	485	65171	100.0%

出所：『日本開発銀行25年史』, p. 80。

5-8 成長率

朝鮮戦争（1951年）は，ドッジ・プラン導入によるデフレ効果からの転換期となった。1952年の実質国民所得は，前年度に比べて11.7％上昇を見せた。1955年以降は，特に1959年から1970年にかけて，日本経済は常に10％以上の成長率を保っていた（表5-15）。

表5-15 実質国民所得（1950年—1970年）(1970年価格)

年度	前年比（%）
1950	—
1951	—
1952	11.7
1953	7.7
1954	2.8
1955	10.8
1956	6.1
1957	7.8
1958	6.0
1959	11.2
1960	12.5
1961	13.5
1962	6.4
1963	12.5
1964	10.6
1965	5.7
1966	11.1
1967	13.1
1968	12.7
1969	11.0
1970	10.4

出所：大蔵省財政史室『昭和財政史』, 19巻, pp. 6-7。

第5章 産業政策に基づく特別金融機関の機能

　機械セクターの成長と発展に関しては，戦前・戦中とも高い生産指数を持っていた。1945年から1950年には生産の回復が見られ，戦前の約半分のレベルに達した。1950年から1955年は回復が早く，1955年には戦前のレベルに達した。1955年から1960年の生産指数は，202.1（1957年），442.2（1960年）であった。ここで結論として言えることは，特に1950年から1955年の間が，それ以後の1955年から1970年の経済成長と発展を準備し，実現に重要な役割を果たした時期であった点である（表5-16）。

　次に，機械セクターの競争力が実現したかどうかを，その輸出増大の観点から見てみる。

表5-16 機械工業生産指数（1936年―1960年）　（付加価値ウエイト，1955年＝100）

年度	指数	年度	指数
1930	33.5	1945	57.6
1931	25.1	1946	17.4
1932	23.7	1947	21.0
1933	32.9	1948	32.3
1934	33.1	1949	40.2
1935	31.5	1950	41.6
1936	39.9	1951	67.5
1937	53.6	1952	69.1
1938	59.0	1953	87.7
1939	72.2	1954	98.8
1940	87.7	1955	100.0
1941	101.2	1956	145.2
1942	105.0	1957	202.1
1943	115.1	1958	216.4
1944	135.6	1959	310.1
		1960	442.4

出所：大蔵省財政史室，『昭和財政史』19巻，p.94。通商産業省『鉱工業指数総覧』，1961年。

5-9 輸出率

機械セクター輸出は，ほとんどが紡績機とミシン部品であった。1947年から1948年と1948年から1949年に輸出が増大し始め，特に1950年から1951年，そして1953年から1954年に増大した（表5-17）。これは，ミシン部品の国際競争力をつけようという政府の政策の結果でもあった。

日本開発銀行と日本興業銀行が1950年から1955年の間に融資を与えた結果については，例えば，1955年から1970年までの機械セクターの輸出成長率を見なくてはならない。

1954年にはすでに工作機械セクターの輸出量は，1952年に比較して2倍になり，1959年には1952年に比較して8倍に上昇し，1972年には1952年に比較してなんと90倍の量になっていた（表5-18）。

表5-17 機械セクター（紡織機械ミシン，同部分品）の輸出　　（単位：100万円）

年度	（100万円）	年度	（100万円）
1930	4	1943	27
1931	5	1944	31
1932	4	1945	10
1933	5	1946	3
1934	8	1947	71
1935	13	1948	752
1936	16	1949	6612
1937	27	1950	6817
1938	31	1951	13432
1939	26	1952	14753
1940	25	1953	13276
1941	21	1954	26521
1942	18	1955	22085

出所：大蔵省財政史室『昭和財政史』第19巻，pp. 110-111。
日本銀行『本邦主要経済統計』(1966)，同『本邦主要経済統計』(1957年)。

第5章　産業政策に基づく特別金融機関の機能

表5-18　工作機械の輸出（1952年－1970年）　（単位：100万USドル）

年度	（100万USドル）	年度	（100万USドル）
1952	110.1	1961	1107.4
1953	188.7	1962	1232.6
1954	202.3	1963	1473.5
1955	246.8	1964	1967.8
1956	483.6	1965	2642.7
1957	629.6	1966	3757.0
1958	627.4	1967	4395.0
1959	809.5	1968	5655.8
1960	928.3	1969	7122.7
		1970	8941.3

出所：通商産業省（1994）『通商産業政策史』第16巻，pp.238-247。

　これらの表が示しているように，機械セクターは，すでに1949年から1970年まで急速な成長を成し遂げた。この意味するところは，企業のリストラにより機械セクターが競争力を持ってきたということである。では，1946年から1970年までの戦後日本における経済成長の全パターンを各時期に導入された政策を比較することにより，とりまとめたい。

5-10　マクロ経済的特徴
　　（1946年－1950年，1950年－1955年，1955年－1970年）

　1946年から1970年の間の成長率は3つの異なった時期に分けることができる。すなわち，1946年から1950年，1950年から1955年，1955年から1970年の時期である。日本の経済成長率のパターンをこれら3期で示したのが表5-19である。

　1946年から1950年：この期間は財閥解体，農地改革，労働民主化といった改革が導入された。この期間，第二次大戦期のプラントおよび設備が引き続き使用されて非軍事財の生産をしていた。新しいプラントおよび設備投資なしに，この時期は経済成長が可能であった。同時にこの時期は，インフレー

5-10 マクロ経済的特徴（1946年－1950年，1950年－1955年，1955年－1970年）

表5-19 日本の経済成長率（%）パターン（1946年―1970年）

	1946－1950	1950－1955	1955－1970
経済成長率	9.4	8.9	11.0
民間消費成長率	10.2	9.9	8.8
民間固定投資成長率	1.9	10.2	17.7
輸出成長率	99.5	13.9	13.8
輸入成長率	25.1	18.1	14.8
賃金所得／国民所得	44.1	50.1	49.7
民間貯蓄率	6.5	7.0	14.7
卸売物価上昇率	96.9	6.8	1.0
消費者物価上昇率	44.4	6.3	4.3
失業者数（単位：万人）	24	46	75

出所：経済安定本部（1989）『現代日本経済の展開』。

ションが1948年から下落し始めた。

　傾斜生産方式に代表される産業政策が，その他セクターの基本にある石炭生産の増大を促進するためにとられた。この時期は，産業政策のもとで，ある優先セクターへ融資していく命令権および支配権はまだ復興金融公庫（この公庫の証券は日銀が引き受けていた）の手にあった。

　従って，1946年から1950年までの経済成長は，低投資（1.9%）と高成長（9.4%）であった。この時期は，高い消費（10.2%）が経済成長を助けた。実際1950年から1970年間の貯蓄率（14.7%）に比べると，1946年から1950年までの貯蓄率（6.5%）は高くなかった。

　1950年から1955年： 1949年のドッジ・プラン導入の結果および1951年の朝鮮戦争勃発が影響を与えた時期である。さらに，政府系銀行である日本開発銀行が1951年に設立され，復興金融公庫の役割を受け継いだ。そして日本興業銀行は，長期信用融資金融商業銀行と認定された。従って，長期融資は，政府の産業政策により，日本開発銀行と日本興業銀行の双方を通じて融資されていった。

　この期間は，高い投資成長（10.2%）と経済成長（8.9%）を示した。同時に，卸売物価指数および消費者物価指数は，それぞれ6.8%と6.3%に下落

した。この時期も1955年から1970年に比較すると、まだ貯蓄率は高くなかった (7.0%)。1950年から1955年の間の、産業政策のもとでの、日本開発銀行および商業銀行による長期融資と高い民間固定投資の成長率 (10.2%) が、1950年から1955年の高い経済成長 (8.9%) を説明する一つの要因であると言える。

1955年から1970年： この時期は、経済成長率が以前の時期より高く11.0%であった。固定投資成長率は17.7%であった。さらに貯蓄率は14.7%へと上昇した。その結果、卸売物価指数が1.0%に、消費者物価指数が4.3%に下落した。

1945年から1950年の間に導入された財閥解体、農地改革、労働民主化、ドッジ・プラン、1950年から1955年の間に生じた朝鮮戦争、日本開発銀行の設立および産業政策の役割、これらすべてが、1946年から1970年の戦後日本の経済成長に影響を与えたわけである。しかしながら、確実にいえることは、もし日本が1945年から1950年までのように復興金融公庫による補助金を与えるという産業政策を取り続けていたとしたら、1950年以後の経済成長がはたして存在したのかどうか、少なくともあのようなスピードで進展していたのかどうかは疑問である。このことから、1950年から1955年の間に競争市場制度をなるべく早く設立するために導入された政策なしでは、1955年から1970年に経済成長率が高くなることは不可能であったといえる。1950年から1955年の間に設立された制度・機関および政策が、戦後（特に1950年から1970年まで）の持続的経済成長を達成する上で極めて重要な役割を果たしたものと考える。

財閥解体あるいはドッジ・プラン導入後すぐに競争市場経済が機能し始めたわけではない。そこには、資本市場が未発達である点、企業における資本不足、企業への資金配分が間接金融によってかならずしも効率的に機能していたわけではなかった点、等の問題点がまだ存在していた。第4章で示したように、これらの問題点を解決するため、政府の発展政策および長期信用金融機関が政府と民間の両方で設立された。ここで例にあげた機械セクターは、この条件下で輸出増大を示し、成長増大も達成した。

チェコ共和国に関しては、「中央計画経済体制から市場経済体制への移行

5-10　マクロ経済的特徴（1946年－1950年，1950年－1955年，1955年－1970年）

過程において，金融セクターが重要な役割を果たす。これは，貯蓄を刺激し，そして収集し，それを実行可能な投資へ向け，資源をより効率的利用へ再配分し，金融のコントロールをし，さらには企業のコーポレート・ガバナンスにも影響していくのである」㊺。このステートメントにあるように，チェコ共和国あるいはその他の中・東欧諸国におけるように株式市場が未発達である場合，資金を黒字主体から赤字主体へと配分していく上で，銀行セクターは重要な役割を果たさなければならない。

　銀行セクターに関して，チェコ共和国と日本との主な違いは，チェコ共和国では，一元的銀行制度が二元的銀行制度に移行し，同時にバウチャー私有化のもとで商業銀行の私有化が行われた点であった。日本の例のように，発展政策の下で銀行主導型で資金を効率的に配分していく方法は，チェコ共和国の場合にはより難しいことは事実である。しかしながら，チェコ共和国においても銀行の役割が大変重要であることがわかっており，移行から生じてきている構造的問題点の解決のためには，銀行と発展政策が中心的役割を担っていかなくてはならない。

　もう一つのポイントは，Ladislav Blazek（1997）が次のように述べている点である。「ほとんどの企業にとって，市場化に適応していない生産方式を近代化すること，およびそのための投資が最も緊急な課題である。多くの企業がそのための資金不足で困難な状況にある。特に，バウチャー私有化により設立された株式会社がこれらの問題を抱えている。企業は，金融財源を銀行融資に依存するしかない。というのは，その他の方法である留保利潤，債権の帳消しあるいは賃貸しといったものは十分でなかったからである。」

　ここで述べられているように，多くの企業にとって，市場化に適応していない生産方式を近代化し，投資していくことが最も緊急な課題であるにもかかわらず，投資活動は不活発である。チェコ共和国においても最近は比較的高い投資率を統計が示しているが，これは法律による環境保護のための義務的投資であり，生産物の技術革新および生産のための投資ではない。これはとくに機械セクターおよびエンジニアリング・セクターで顕著である。5000万チェコ・クラウン以上の近代化投資をしていない企業は，1991年から

㊺　*Economic Survey of Europe*, 1994-1995, Chapter 4, p. 205.

第5章 産業政策に基づく特別金融機関の機能

表5-20 近代化のための投資 (1991年-1996年)

	5000万 CZC. 以上		5000万 CZC. 以下	
	Yes	No	Yes	No
鉱業原料	47	53	61	39
繊維，衣類，皮	32	68	48	52
木材加工	25	75	60	40
化学	44	56	43	57
グラス，陶磁器	62	38	36	64
金属生産	41	59	78	22
工学	18	82	52	48
エレクトロニクス	17	83	46	54
エネルギー	40	60	38	63
運輸	44	56	32	68
R&D，サービス	20	80	54	46
合計	29	71	49	51

出所：Ladislav Blazek, *Czech Enterprises in the Process of Transition*, 1997.

1996年の間で80%を超えている（表5-20）。

　Ladislav Blazek は次のようにも言っている。「企業は，将来性のある財を生産する準備はできているので，もし長期融資が得られるのであれば，十分に労働生産性を高め，国際市場での地位を強めることができる。しかし，銀行の課す高い利子率はリスク率とはマッチしないのが現状である。高額の担保，長期融資に対する適応性の悪さおよび非積極性といった現状が，不幸にも将来性のあるプロジェクトの導入を止めているのである。」

　さらに Ladislav Blazek は，次のように政府の役割に関して述べている。「ほとんど全企業（97%の解答者）は，チェコ共和国産業の競争促進のためには，政府がより多くの政策をもって臨むのが当然であると述べている。」

　チェコ共和国では，第3章でも見たように，政府，企業，および銀行が資金を効率的に配分していくことが重要であったと結論づけられる。そこで第6章では，チェコ共和国における私有化された企業の金融問題改革を通じて，構造的問題解決のための可能な政府発展政策を日本の経験に基づいて検討してみる。

第6章　政府主導型発展政策の可能性
（戦後日本の経験に照らして）

　チェコ共和国における自由化政策，安定化政策，そして私有化の導入後においてもいくつかのボトルネックが存在したことをすでに第3章で述べた。それら主なボトルネックは，次の点であった。第一に，資本市場が未発達である点，第二に，私有化された企業・銀行において資金不足が存在する点，第三に，黒字主体（特に家計）から赤字主体（特に企業）への資金循環がうまく機能していない点。これらボトルネックを解明するために，チェコ共和国における政府，銀行，そして企業の役割を，戦後日本の経験の例に照らして分析している。

　国有大企業の多くは，バウチャー私有化という方法で私的所有へと移行されていった。しかしながら，その結果は，第3章にも述べたように，その目的とした株式取引市場を通じての競争市場は実現できなかったし，企業レベルでの資金不足は以前にもまして深刻になった。さらに，諸制度（商業銀行，株式市場，銀行および資本市場における監視機関）は，移行後の市場経済における金融市場を機能させるために設立されたが，これもまた，効率的資金循環を促すことに寄与する金融制度の構築には力不足であった。

6-1　移行以前（1970年代および1980年代）の銀行・資本市場の構造

　中・東欧諸国における社会主義体制崩壊以前における銀行および金融機関の資格・立場は，市場経済体制下でのそれらとは異なっていた。社会主義体制下では，貯蓄預金を除いては，個人は銀行当座勘定を持つことはできなかった。従って，個人が関わるすべての支払い（給料，消費財購入）は現金

第6章 政府主導型発展政策の可能性（戦後日本の経験に照らして）

でなされていた。他方，企業部門内での支払いに関しては，基本的に一つあるいはわずかな国家銀行により支配されており，企業間の資金決済はもっぱら口座間の振替えにより処理されていた。

すべての銀行業務は政府依存の国家諸銀行が統制していた。例えば，外国貿易銀行が存在し，それが外国通貨での支払いおよび対外クレジットを増す役割を担っていた。さらには，農業あるいは特定部門への投資のための専門化されたいくつかの銀行が存在していた。公的貯蓄銀行および貯蓄協会は存在したが，その役割はきわめて限定されていたし，株式市場は存在しなかった。銀行勘定を開設しなければならない企業は，業務内容にかかわらず受け入れられ，国家銀行の「顧客」として割り当てられる。クレジットは，事実上，投資に対する国家予算の配分という意味をもっている。したがって，利子は国の政策的意図として課せられる性格をもっている。その意味で，銀行は，計画支配および経営支配の機能を持っていたのであり，この様子は当然市場経済体制下でのコーポレート・ガバナンスとは大変異なったものである[46]。

この一元的銀行制度（mono-bank system）が，移行後，中・東欧諸国において二元的銀行体制（two-tier banking system）へと変化した。図7の資金循環チャートは，移行以前（1970年代および1980年代）のチェコスロバキアにおけるこの一元的銀行制度を最も簡単に図示したものである。

図7は，移行以前のチェコスロバキア（1970年代，1980年代）の資金循環チャートを示している。ここで注意を要するのは，チェコスロバキアにおける資金循環の構造は1948年から1989年まで一貫して同じであったわけではない点である。この図が示しているのは，大変簡略化しているが1970年代と1980年代の状況である。

図7を説明する前に，社会主義体制下での諸制度に関して簡単にまとめておく。

1) 企業にとっての原料購入決定，賃金決定，投資決定に関しては国家によりすべて決断され，国民総生産（GNP）レベルの計画目標達成のために国家があらゆる経済レベルまで指示する。

---

[46] G. Fink and P. Haiss, 1998.

6-1 移行以前(1970年代および1980年代)の銀行・資本市場の構造

図7 移行以前(1970年代および1980年代)のチェコスロバキアの資金循環チャート

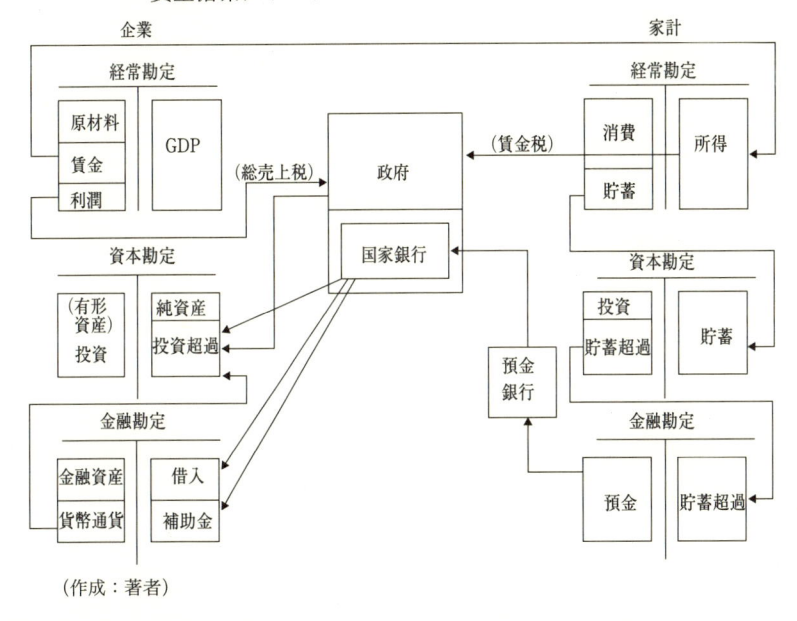

(作成:著者)

2) 現金通貨は賃金支払いのためと消費財市場でのみ使用されていた。
3) 個人は,預金銀行勘定以外には銀行当座勘定を持つことはできなかった。
4) 企業間の支払いにおいては,国家銀行がその役割を担っており,現金通貨は勘定記入のみにおいて存在していた。
5) 国家銀行それ自体の役割は小さかった。というのも,実際には国家銀行の役割は主に政府予算を預金勘定に入れておく場所であったからである。
6) 家計に関しては,個人の貯蓄は預金銀行(Deposit Bank)に入り,その預金は国家銀行に転送され,計画経済体制の下で国家銀行が企業へ補助金と借入として企業の金融勘定に配分し,さらに企業の資本勘定へ直接配分する形になる。
7) 一元的銀行制度の下では,商業銀行および商業企業は存在しなかった。
8) 株式市場および債券市場は存在しなかった。

第6章　政府主導型発展政策の可能性（戦後日本の経験に照らして）

　図7の矢印は，国家が計画経済のもとで直接の命令により資金を流していることを示している。まず賃金は家計の所得として経常勘定に入金されるが，その家計の所得も賃金税（あるいは所得税）による源泉徴収義務という形で企業により支払われ，給与から天引きされている。日本で企業が源泉所得税を納付するのと同じ考え方である。そして家計の貯蓄は資本市場においては資本勘定の貯蓄として流れるが，この場合は実物投資が存在しないため（つまりゼロであるため）直接に金融勘定の貯蓄超過として流れる。それはさらに預金銀行へと貯蓄され，そこから国家銀行に流れ，計画および予算政策決定のために使用される。企業（国営商店・一般自由商店）の利潤に対しては売上税が課され，政府に納付される。そして政府が計画のもとに各経済セクターへ配給する原材料の量，雇用者所得および投資のレベルを決定していく。

　政府予算は，売上税による企業の利潤の一部の政府への移転と，企業が家計へ支払う給与の中から天引きする賃金税（所得税）を通じて資金の供給がなされていた。この資金から政府は，企業間へ分配している補助金を支払った。ここでの企業はポートフォリオにおいて金融資産を保有することはなかった。家計からのすべての貯蓄は貯蓄銀行（Czeska Sporitelna）に流れ，この銀行は現在も普通の商業銀行として存在し，その歴史的背景からも家計部門と強い絆がある。これらの社会主義体制下での家計貯蓄は，直接に政府予算に組み入れられ，企業への種々の融資の原資として使用された。

　社会主義下では，個人が税金を支払うという考え方は存在せず，企業が売上げに応じて税金を支払うという考え方である。この売上税は価格調整が目的で決定されており，ある財の価格が低く設定されている場合，現実にかかったコストの埋合せに使用する。

　この図から，社会主義体制下でのチェコスロバキア（1970年代および1980年代）ではいかに金融市場が作動していなかったかがわかる。

6-2　移行後（1990年代）の銀行・資本市場の構造

　移行後（1990年代）のチェコ共和国における金融市場，間接・直接金融の割合，貯蓄・投資の動向等を示している。そしてそれらの条件下で移行後（1990年代）の資金循環チャート（図8）が示されている。

表 6-1　金融市場規模：金融資産残高　　（単位：10億USドル）

	1989年－1991年平均	1992年－1994年平均	1995年
ハンガリー	21.082	22.135	20.216
ポーランド	23.418	36.215	40.377
チェコ共和国	32.048	36.138	56.090
ドイツ	2,311.230	2,928.130	3,835.507
米国	4,782.133	5,002.100	5,556.600
日本	9,726.164	13,566.768	15,623.748

出所：G. Fink and P. Haiss（1996），IFS 6/96.

6-2-1　1989年以降のチェコ共和国の金融市場

　移行経済における金融市場が未発達である最も大きな理由は，共産主義体制下では金融仲介活動をまったく無視していたからである。中・東欧移行諸国の中で最も進んでいるといわれる3ヵ国（チェコ共和国，ハンガリー，ポーランド）の中でも資産額からみると最も大きな金融市場を持っているのはチェコ共和国であるが，これもその他の西側諸国と比較するとまだ大変小さいものである（表6-1）。

　もう一つの特徴としては，チェコ共和国がハンガリー，ポーランドと比較して国内総生産に占める国内総融資額の割合が最も高いという点である（表6-2）。

　しかしチェコ共和国においても，ハンガリー，ポーランドと同じく，その他の先進諸国と比較すると株式市場資本化は未だに小さいものである（表6-3）。

6-2-2　チェコ共和国における間接金融・直接金融（1994）

　チェコ共和国における直接・間接金融の割合をみるために，チェコ共和国経済（1994年）の資本勘定と金融勘定を示す表6-4を例にとる。資本勘定表が示しているのは，企業が2,293億2,900万チェコ・クラウン（総固定資本形成）および51億2,900万チェコ・クラウン（在庫変動）を投資したことである。金融勘定が示しているのは，企業は銀行から1,438億7,000万チェ

第6章 政府主導型発展政策の可能性（戦後日本の経験に照らして）

表6-2　GDPに占める国内総融資額の割合

	1989年－1991年平均	1992年－1994年平均	1995年
ハンガリー	82.5%	67.4%	55.7%
ポーランド	29.0%	39.1%	28.2%
チェコ共和国	110.0%	92.3%	91.5%
ドイツ	115.8%	133.1%	148.7%
米国	116.6%	120.5%	129.6%
日本	140.9%	138.8%	136.0%

出所：Fink and Haiss (1996), IFS 6/96.

表6-3　株式市場の資本還元価値（1995年）

	10億USドル	GDPに占める割合	総銀行資産に占める割合
ハンガリー	2.19	5.0%	10.8%
ポーランド	3.59	4.0%	6.8%
チェコ共和国	15.98	35.0%	28.5%
ドイツ	582.02	27.6%	15.3%
米国	6401.88	90.0%	67.0%
日本	4,426.53	86.0%	28.3%

出所：G. Fink and P. Haiss, 1996.

コ・クラウンを借り，そして株式およびその他，自己資本を通じての融資は135億4,200万チェコ・クラウンであったことである。

　この表の結果からわかることは，総融資の62%が間接金融を通じて供給されており，たった6%が直接金融からのものであったことである。そして残りの32%は国内金融と直接に外国資本による供給であった。従って，チェコ共和国における企業への融資に関しては，間接金融が大きな役割を持っていたことがわかる。そしてこの状況は現在までも引き継がれているのである。

6-2-3　チェコ共和国における貯蓄・投資（1992年－1998年）

　移行後，個人貯蓄は増加傾向にあった。この理由の一つは，全経済体制の

移行により今までの伝統的社会主義体制下での保険制度の崩壊が家計の個人的預金への依存度を高めることとなったからである。

しかしながら、この状況下で最も重要な問題点は、その高い国内預金率および高い投資率にもかかわらず経済成長がもたらされていない点である。主な理由として次の点を上げることができる。第一に、資金循環が効率的でない点、第二に、政府、銀行および企業において将来への不安が存在する点。第3章の表3-19に、国内貯蓄、投資、そして国民総生産成長率がハンガリーとポーランドとの比較において示されている。それによるとチェコ共和国においては、貯蓄率と投資の両方において1992年から1998年を通じてポーランド、ハンガリーよりも高かった。しかしながら国民総生産成長率に関しては（1995年を例外として）ポーランド、ハンガリーよりも低かった。この状況に対しては、上記に示した理由の他にも次の点があげられる。

1) 1990年代の投資のほとんどはインフラストラクチャーの発展と環境問題への投資であった。これらの投資は長期投資であり、その収益もまた長期でしか現れないわけで、年間でみる国民総生産指標で推定することは不可能であった。このようなタイプの投資結果はより長期で見るべきものである。表6-5は、環境投資とインフラストラクチャー投資の総投資に占める割合を示している。特に1996年と1997年には総投資のそれぞれ23.5％および25.0％を占めていた。

2) 1990年代の初めには、企業はいとも簡単に銀行からの融資を受けることができた。というのも、一元的銀行制度から二元的銀行制度への移行から多くの新しい商業銀行が誕生し、銀行は新しく私有化された企業の状況を詳しく精査することなく貸し出してしまったからである。私有化された企業は、明確なビジネス・プランの提出義務もないまま銀行から資金を借りることができるような状況であった。銀行もまた、支払い能力が確実でない企業に融資をしていった。つまり、銀行の資金は必ずしも優秀な企業に融資されたわけでもなく、従って経済成長にもつながらなかった。

3) チェコ人所有の企業への外国投資はほとんどなかった。

4) チェコ経済一般の透明性が低かった。

このような状況下ではどのような決定も高い不確実性を伴った。

第6章 政府主導型発展政策の可能性（戦後日本の経験に照らして）

表6-4 資本勘定および金融勘定（チェコ共和国，1994年）

（単位：100万チェコ・クラウン）

資本勘定	非金融法人企業および準法人企業	金融機関	一般政府	家計	対家計民間非営利団体	経済全体	海外	合計
負債と純資産の変化								
貯蓄	−34926	24988	31754	37995	1952	61761		61761
純資本移転	27259	19088	−51985	5814		176	−176	
合計	−7667	44076	−20233	43809	1952	61937		61937
資産の変化								
総固定資本形成	229329	15133	63699	25652	403	334216		334216
固定資本の消費	−177014	−6540	−43801	−28067	−1306	−256728		−256728
在庫変化	5129	568	58	−456	−5	5294		5294
所得資産から非生産・非金融資産の売却を引いた分	−546		884	419	329	37	1123	−1123	
純貸出し（＋）／純借入れ（−）	−64849	33126	−40271	46351	2823	−22820	22820	
合計	−7667	44076	−20233	43809	1952	61937		61937

金融勘定	非金融法人企業および準法人企業	金融機関	一般政府	家計	対家計民間非営利団体	経済全体	海外	合計
資産の変化								
貨幣用金および特別引出権		986				986	−986	
現金・預金	56001	3947	28079	73459	1460	162946	20781	183727
現金	5767	5664	2176	16932	−122	30417	1246	31663
振替え可能預金	27087	−3712	8780	18582	1443	52180	497	52677
その他預金	23147	1997	17123	37945	139	80349	19038	99387
株式以外の証券	8668	147721	105	−480	−46	155968	12581	168549
ローン	5067	114588	−586		23	119092	17300	
短期ローン		31740	35			31775	9260	41035

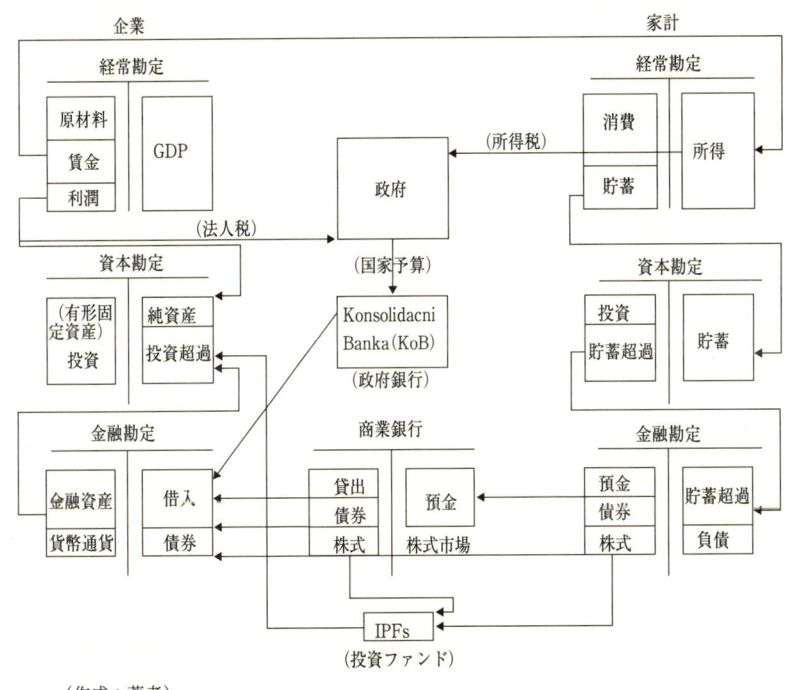

6-2 移行後（1990年代）の銀行・資本市場の構造

図8 移行後（1990年代）のチェコ共和国の資金循環チャート

（作成：著者）

いは貯蓄銀行の両方に預金できるようになった。さらに理論上は家計の貯蓄は，銀行に預けるだけでなく株式，債券あるいはチェコ共和国においては投資ファンド（IPFs）へ投資し運営をすることも可能になった。

5) 図3（第3章，3-3-2）に示してあるように，バウチャー私有化の結果生じた企業と商業銀行間の密接な所有関係の存在のため，大銀行からの融資はその銀行経営者が多くの株式を保有している企業へと流れていく傾向がみられる。銀行は企業に対して短期的融資をする傾向にある。その理由は，当然これら私有化された企業への長期的融資は危険リスクが高いからである（Annual Report 1998, Czech National Bank, 39）。このことは，移行過程にある国にとって優先順位の高い産業セクターへの融資が必ずしもなされていないことを意味する。

6) 西欧市場経済との比較において移行過程にある1990年代のチェコ共

127

和国経済の重要な特徴として，整理銀行（KoB）の存在をあげることができる。この銀行は商業銀行の不良債権処理の機関として設立されたもので，NPFの拠出金とチェコ中央銀行からの借り入れ資金を元手に商業銀行の不良債権を買い取るものである。さらにKoBは，インフラストラクチャーの建設および私有化のために企業をクリーンアップする政府プログラムへも融資をした。そしてこの銀行の欠損は国家予算から支払われる。

7) 国有資産基金（NPF）は直接には大きな融資を行っていないのでこの図には含めていない。

多額の不良債権を抱えた商業銀行は，新規の企業融資に慎重にならざるを得ず，国内の企業育成のために，新たな金融体制を確立していくことが課題であった。

次節では，戦後日本の一時期を例にとり資金配分の方法に焦点をあてる。その理由は，この構造的問題解決の一つとして資金配分の方法が重要だからである。そこで，戦後日本の一時期（1950年—1955年）にとられた産業政策のもとでの政策金融を例として分析する。

6-3　戦後日本の産業政策（1950年—1955年）

戦後日本の一時期の例として資金配分の方法に焦点をあてる。当然，チェコ共和国の体制移行と，日本の戦後の戦時経済から市場経済への移行とは違っている。当時の日本のおかれた国際状況と現在のチェコ共和国のおかれている状況も違っているので，それ自体を比較することには余り意味がない。しかし，チェコ共和国は社会主義体制から市場経済体制への移行をとげ，日本は戦時経済体制から市場経済体制への移行をとげることにより，大なり小なり国家の企業への投資・生産へのコントロールがなくなり自由になった点は共通していた。また，両国の銀行・企業の機能において戦時下の日本と社会主義下のチェコ共和国とではすでに初期条件として大きな違いがあった。つまり，日本では企業も銀行もそれ自体十分機能していたのに対して，チェコ共和国ではまだそうではなかった。この点は移行後の結果に影響を与える。しかし資本市場の未熟性に関して両国は類似していた。重要な点は，日本で

は構造変化を考慮した産業政策がとられた点である。このような状況下でいかにして貯蓄を効率的に銀行を通じて企業に配分していったかを日本の例は示している。

日本では，政府の産業政策のもとで長期資金融資を政府系銀行およびその他の民間の長期融資資金とともに国民の貯蓄を企業へ配分していった。競争市場メカニズムを創立していくために少ない資金を銀行を通じて企業へ最も効率的に配分していく役割を担ったのが日本の産業政策であった。それは，チェコ共和国が社会主義計画経済体制下で行った産業政策とはまったく異質のものであり，また市場がすでに存在し，例えば補助金のような形の市場への政府の介入といった西側先進諸国における産業政策の概念ともまた違っている。つまり，移行諸国がこれらの構造的硬直性の問題を発展プロセスのなかでいかに解決または除去していくのかを考えるための政策である。

チェコ共和国では移行過程の初期段階に，日本の行ったこのような産業政策が導入されずに財政・金融政策といったマクロ政策に頼ったこと，およびバウチャー私有化の導入がうまく作動しなかったことが，チェコ共和国の構造的問題を生んだことは，前に述べた。

日本の資金循環チャートをみてみると，図9が示しているように，政府機関としての日本開発銀行が設立され，長期信用銀行法が1952年に導入されたことから日本興業銀行と日本長期信用銀行は金融債の発行を認められた。従って，戦後における日本開発銀行，長期信用金融銀行および都市銀行すべてが，競争メカニズムの下で家計貯蓄が企業へと配分されることにより資金循環が効率的に回ることを可能にした。

具体的には，第一に，日本開発銀行を通じての産業政策のもとでの資金配分，第二に，長期信用銀行法（1952年）により，日本長期信用銀行・日本債券信用銀行・日本興業銀行の3つに限って金融債の発行を認め，日本開発銀行と協調して産業政策のもとで競争企業へ融資をしていった。この方法は，政府が証券市場・競争市場を作っていくための政策でもあった。

戦後の日本においては，金融債の発行により調達した資金を日本興業銀行，日本長期信用銀行などが産業政策に沿って再配分する一方，郵便貯金を通じて集めた家計の貯蓄を日本開発銀行など政府系金融機関がこれを補完するかたちで融資することで，企業の投資資金を確保していった。このことにより，

第6章 政府主導型発展政策の可能性（戦後日本の経験に照らして）

図9　戦後（1945年－1970年）日本における資金循環チャート

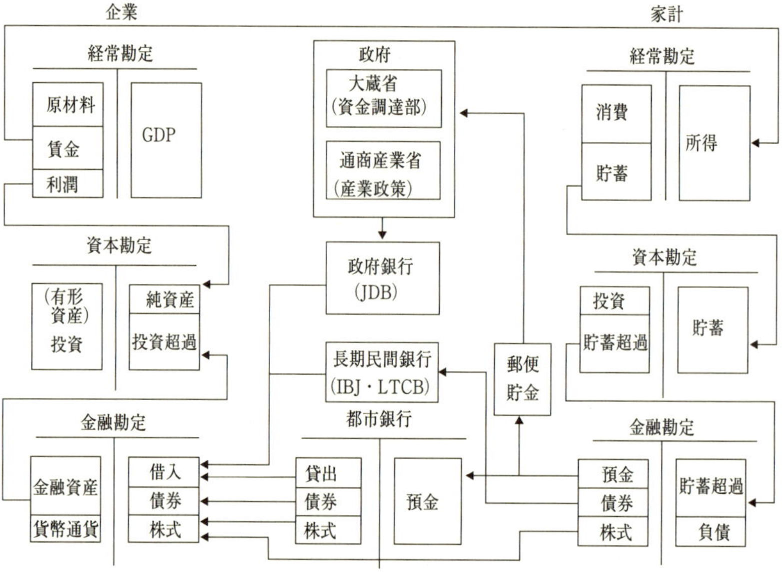

```
企業                                              家計
┌─経常勘定─────────┐  ┌─政府──────┐  ┌─経常勘定─────────┐
│ 原材料           │  │ 大蔵省     │  │ 消費             │
│ 賃金      GDP    │  │ (資金調達部) │  │          所得    │
│ 利潤             │  │            │  │ 貯蓄             │
└──────────────────┘  │ 通商産業省 │  └──────────────────┘
                      │ (産業政策) │
┌─資本勘定─────────┐  └────────────┘  ┌─資本勘定─────────┐
│ (有形            │         │         │ 投資             │
│  資産) 純資産    │   政府銀行(JDB)    │ 貯蓄超過  貯蓄   │
│  投資  投資超過  │         │         │                  │
└──────────────────┘         │         └──────────────────┘
                      長期民間銀行      郵便
                      (IBJ・LTCB)       貯金
┌─金融勘定─────────┐  ┌──都市銀行──┐  ┌─金融勘定─────────┐
│ 金融資産  借入   │  │  貸出      │  │ 預金   貯蓄超過  │
│           債券   │  │  債券      │  │ 債券             │
│ 貨幣通貨  株式   │  │  株式 預金 │  │ 株式   負債      │
└──────────────────┘  └────────────┘  └──────────────────┘
```

JDB：日本開発銀行，IBJ：日本興業銀行，LTCB：日本長期信用銀行
（作成：著者）

市場メカニズムを通じて調達された長期資金が，最も優先度の高い産業セクターへ可能な限り敏速にフローすることができたのである。さらに，都市銀行を通じても個人預金が集められた。都市銀行は，その預金で日本興業銀行から金融債を購入し，それを日本銀行に持っていき，日本銀行から融資を受けるという行動をとった。従って資金は黒字主体から赤字主体へと政府の産業政策に沿って政府系銀行，長期信用商業銀行，そしてさらに都市銀行をも通じて配分されていったのであった。

6-4　チェコ共和国が導入した銀行・企業のリストラ政策

企業の抱える債務および銀行の抱える不良債権の存在から当然国内資金を可能な限り効率的に配分していくことが必要である。この点に関してチェコ政府は，現存する銀行の不良債権問題解決策として再生プログラム（Revitalization Program) を 1999 年 5 月に導入した。このプログラムの狙いは，まず企業をリストラすることにより企業が銀行へローンを返却することが可能となり，そして徐々に銀行がリストラされていくであろうということであった。

再生プログラムの一般的枠組みについて

1) 政府は再生機構（Revitalization Agency）を設立し，その基本資金は，政府銀行である整理銀行（KoB）の預金（1 億チェコ・クラウン）であった。この政府機関が，問題のある企業のローンを引き取って，株式を支配することになる。この政府機関は，不適切な経営者に替わって企業を戦略的パートナーに売却できるよう，その企業をリストラする能力のある外部からの専門家を任命する権限を持つ（図10）。ここで言う戦略的パートナーは，外国企業あるいは外国個人であってもよい。この考え方は，以前のバウチャー私有化の方法とは違ったものである。

当時（2000 年）のチェコ政府は，負債を抱える企業をリストラすることによりチェコ共和国の代表的 2 大銀行であるコメルチニー銀行（KB）[47]およびチェコ貯蓄銀行（CS）[48]の抱える不良債権を解決できると考えた。

2) 再生プログラムの結果（OECD Economic Survey, 2000, p. 90）

前述の通り再生プログラムの目的は，企業をリストラしそれを外国の投資家に売却して企業側が銀行に負債を返却していくことにより銀行の不良債権問題を解決していくという考えであった。これは，1997 年以来の GDP の減少に対処するための産業政策であった。再生プログラムの対象たるすべての企業は，バウチャー私有化により私有化されたが，そのほとんどが移行以前にはコメコン諸国（特にロシア）への輸出企業であった。著者のインタ

図 10 Revitalization Program（再生プログラム）

再生機構 ←
↓
Konsolidacni Banka（KoB）
↓
企業 →

⟶ 預金および貸出し
⟶ 株式保有
------ 経営コントロール

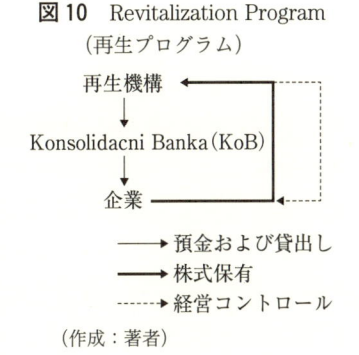

（作成：著者）

---

[47] コメルチニー銀行（KB）は 2001 年に私有化された。
[48] チェコ貯蓄銀行（CS）は 2000 年に私有化された。

第6章　政府主導型発展政策の可能性（戦後日本の経験に照らして）

ビュー（プラハ，2001年6月）に答えて銀行の元頭取は，2つの企業の例を示してくれた。第一の例はSkoda-Pilzen（重機械産業），そして第二の例はTatra（トラック産業）である。しかし，チェコ産業を代表してきたこの2つの企業のリストラも次のように成功しなかった。

例1：Skoda Pilzen（重機械産業）（1990年ドイツVW[49]とのジョイント・ベンチャーによる自動車生産企業のSkoda-VW[50]ではない）。

Skoda Pilzenの株式は，個人，整理銀行（KoB），そして外国人によって所有されている。

再生プログラムは，Skoda Pilzenを9つの個別のジョイント・ストック企業に分割し，外国投資家への売却を狙ったが，法的論点からこの分割自体不可能であった。そこで政府はジョイント・ストック企業の一部だけでも外国の投資家に売却しようとしたが，これもまた実現しなかった。つまり，企業のリストラを進めるといっても再生プログラムによる方法では始めの段階ですでに躓いてしまった例である。

例2：Tatra（軍事・民間トラックの生産企業）

Tatraはソビエト市場への輸出産業の典型的な例である。Tatraは，極寒（マイナス40℃）あるいは極暑（プラス50℃）の地域における道路建設のためのトラックを主に生産していた。1980年代の半ばまでは，年間15000台から20000台のトラックを生産しており，その中の70％はソ連，中国，その他のコメコン諸国およびインドに輸出されていた。ソ連崩壊後（1990年以降）は，ロシアが支払い不能であるゆえ，Tatraは年間2000台生産するのみで赤字企業となってしまった。

チェコ共和国政府は，米国の経営者（米国大企業の元経営者）に対してこの企業を15年間でリストラさせ，その報酬としてこの企業の12％から15％の株式保有を約束した。さらに米国の経営者には，米国の大企業でのサラリーと同じ額を提供した。これらすべてのアレンジメントは国有資産基金（NPF）との特別契約を通じてなされた。しかしながらこの方法は成功せず，米国の経営者は企業を去った。

---

[49]　ドイツVW（ドイツ・フォルクス・ワーゲン）

[50]　Skoda VW（シュコダ・フォルクス・ワーゲン）

このように再生プログラムが成功しなかった理由としては，整理銀行（KoB）が十分な資金を有していなかったこと，外国の投資家も企業のリストラには興味がなく生産増大にのみ専念したことなどをあげることができる。銀行における外国経営者は大企業への融資をせず住宅抵当貸付けといったモーゲージに集中する傾向があった（銀行の経営者とのインタビューから）。つまり再生プログラムが失敗した主な理由は，外国の投資家が金融面からも経営面からも企業をリストラすることができなかったしする意思を持っていなかった結果，政府が当初もくろんだように企業の債務および銀行の不良債権問題を解決することができなかったのである。加えて，折からの米国・EU経済のスロー・ダウンにより外国の投資家への企業の売却が難しくなったという理由もある。

2001年に私が面接したカレル大学（プラハ）の研究者の一人は，「再生プログラムは政府から大企業への補助金以外の何ものでもない」と言いきっている。さらに某銀行のチェコ人経営者は同時期にインタビューに答えて，「銀行および企業を外国の投資家に売却することのみでチェコ共和国における企業の負債と銀行の不良債権の基本的問題解決をすることはできない」と指摘していた。チェコにおける外国直接投資のほとんどがグリーン・フィールド投資であって，外国の投資家は，リストラ義務を伴う大企業を購入することには何のインセンティブも持たなかったのである。もちろん，外国人の投資は世界経済の状況に依存するのでこの傾向は変化する可能性があるが，他人まかせの企業・銀行のリストラではリスクがあるし手遅れである。

6-5　戦後日本の経験に照らした一つの提案

本章では，チェコ共和国における問題を構造的問題としてとらえ，国内貯蓄を効率的に企業に配分していく構造改革をいかにして企業・銀行レベルで進めていけるかにつき一つの例を示している。

まず，チェコ共和国における移行前の社会主義体制下での資金循環がどのような制度を通じてフローしていたのかを簡単な図（図7）で示した。さらに，移行後はどのように政府，金融機関，家計，企業の制度が変化したのか，そしてそれらの制度のもとでスムーズに貯蓄が資本市場を通じて，あるいは，

第6章　政府主導型発展政策の可能性（戦後日本の経験に照らして）

チェコ共和国のように間接金融主導型の国では銀行を通じて私有化された企業へフローしたのかを，簡単な図（図8）で示した。そこに示されていることは，まさに資金の流れが効率的に市場を通じて競争的企業に回っていっていないことであった。さらにそれを，日本の戦後の，政府金融機関が主導して商業銀行と協力し，政府の政策のもとに不足する資金を回していった制度と比較して，図9に示した。

　チェコ共和国では貯蓄が高いにもかかわらず，構造的硬直性の存在から，資金の配分が効率的になされていない。そこで日本の例をとり，資金配分をまだ市場にまかせられない場合，政府主導で政策金融を通じて資金を最も効率的に配分していく方法を採用してはどうだろうか。これを実行するには政府の役割が重要であり，政府はこれを実行すると同時にタイミングを見計らって漸次市場へその役割を譲っていかなくてはならないが，当時の日本と現在のチェコ共和国との間に存在する大きな違いとして，日本においては以前から企業における企業家精神（entrepreneurship）がすでに存在しており，戦後企業が活動するためのポテンシャルがあったが，チェコ共和国においてはそれは，社会主義下において40年もの間，意図的に破壊されていた。つまりこの企業家精神の不足に関しては，社会主義体制から民主主義体制への移行に特有な現象であることを考慮しなくてはならない。しかし，日本においても企業が持つポテンシャルをいかすため，銀行が資金をいかに最適に企業に配分していくのかといったルートは，戦後しばらくの間は不完全であった。これは，移行後のチェコ共和国に関してもいえることで，高い貯蓄をいかに銀行が効率的に配分していくかのルートは未発達であった。

　チェコ共和国政府が1999年5月に，いかにこの構造的問題点を解決するかの一つの政策として，再生プログラムを実施した。これは，外国からの資本導入により自国企業のリストラをはかって企業の負債を解消し，その結果，企業が銀行へ返納することにより，銀行の不良債権問題を解決するという意図を持っていた。しかしこれは失敗であったことが明らかになっている。このプログラムもまた結果的には，企業に一方的に補助金を提供するといった伝統的な産業政策であって，構造問題の解決にはなっていないからである。

　従って，重要な点は，このような企業，銀行の特にファイナンシャルおよびマネジメントの点からのリストラを行うといった構造改革をどのように実

行するかである。どのタイプの市場経済体制をとっている国においても，またどの時代においても，国内貯蓄を企業に効率的に配分していき，競争市場を構築し，成長・発展へと導いていく上で，金融セクターは基本的に重要な問題である。本章では，戦後日本で特に1950年から1955年にとられた産業政策が，いかにして貯蓄を効率的に戦略産業へフローしていったかを示している。この点は，株式市場が未発達であるチェコ共和国においては参考になろう。そのために，長期ビジョンを持った政府の役割を重視すべきである。政府，銀行，企業および国民が社会主義体制から民主主義体制への移行を進めて，経済成長・発展をとげていく過程を経済全体の構造問題としてとらえ，そのための方策として，少ない資金を有効に配分し，競争市場経済体制をなるべく早くに設立することが重要であるということである。

日本の例で示された方法は，チェコ共和国が移行直後の1990年代初期の段階でマクロ政策と同時に進めるべき重要な政府の政策であったといえる。しかし今後チェコ共和国は，2004年のEU加盟を控えており，日本のこのような方法をそのまま応用することは難しいだろう。今後は，国内の産業政策という考え方のみでなく，EU内での地域政策（regional policy）および欧州連合の開発基金（EU Fund）を通じての長期的視野に立った国および地域の発展政策と効率的資金循環に利用していくことが肝要であろう。この点についてはこれからの課題としたいが，次節ではチェコ共和国の最近の動向をみることにより現時点での提案を付け加えたい。

6-6　チェコ共和国の最近の動向

チェコ共和国では1997年5月に通貨危機が発生し，これをきっかけに11月にはクラウス首相が失脚し，1998年に総選挙で社民党が政権に就いた（1998年－2002年）。そこで，クラウス（首相）政権下でのバウチャー私有化による企業改革の失敗から生じた問題解決のために，社民党は，ハンガリーが1990年初期にとったような直接売却方式へ転換し，特に外国直接投資（FDI）を促進する経済政策を進めた（現在までこの方法が進展）。

チェコ共和国のとっている現在の産業政策は，産業のハイテク化，高付加価値化による国内産業の競争力の強化であり，そのために技術移転を伴う外

第6章　政府主導型発展政策の可能性（戦後日本の経験に照らして）

資導入が一つの解決策であるという考え方である。しかし，はたしてFDIのみを資金供給源の重点とすることで，一国の産業構造を考慮した長期的展望のもとで持続的成長をとげていくことが可能であろうか，という疑問がでてくる。これは，欧州連合（EU）加盟を2004年に控えているチェコ共和国にとってはさらに重要な点であるように思う。

それでは，まず現在のFDIがどの位の額であり，主にどの地域（国）からきており，どの分野へ主に投資されているのかをみる。さらに，これらFDI企業分野が輸出のどの位の割合を示しており，その輸出先の地域（国）がどこであるのかを調べる。

チェコ共和国において外国直接投資は，移行直後の1990年から1997年まではハンガリーと比較して高くなかったが，1998年から社民党政権の産業政策導入によるFDI促進政策の結果，高い値を示している。逆にハンガリーにおいては，移行直後の1990年から1997年までのFDI中心による政策から1998年以降は変化してきている。ポーランドは，移行直後の1990年から急速な上昇率を示し，現在まで高いFDIの値を示している（表6-6）。

最近チェコ共和国においても（ハンガリー，ポーランドと同様），外資導入によりFDI分野と古くから地域に存在するその国にとっては重要なセクターというように二重のセクターが存在するようになってきている。

次に，チェコ共和国におけるFDIは，どの地域から主に投資されており，特にどのセクターに投資されているのかをみてみる。

チェコ共和国へのFDIの約83％(1999年)，約80％(2000年)および約90％(2001年)がEU諸国からの投資であり，その中でもドイツの占める割合が約29％(2000年)，約28％(2001年)と高い（表6-7）。そしてそのFDIの投資先分野は，特に製造業へ41.1％(2000年)，29.2％(2001年)と大きい割合を示している。製造業のなかでも特に機械製品，電気機器，輸送機械といった機械分野への投資が製造業中の21.9％(2000年)，14.6％(2001年)も占めている（表6-8）。

次に，これらFDI企業が多くの割合を占める機械部門において輸出がどのような動きをしているのかをみることにより，チェコ共和国における1998年以降の成長要因がどのセクターを中心に進展しているのかをみる。まずGDP成長率を1991年から2001年でみてみる。そして総輸出のGDPに占める

6-6 チェコ共和国の最近の動向

表6-6 外国直接投資（FDI）（1990年―2001年）　　（単位：100万USドル）

	1990	1991	1992	1993	1994	1995	1996	1997	1998	1999	2000	2001
チェコ共和国	132	513	1004	654	869	2562	1428	1300	3718	6324	4986	4916
ハンガリー	311	1459	1471	2339	1146	4454	2275	2173	2036	1970	1649	2443
ポーランド	10	117	284	580	542	1132	2768	3077	5130	6474	8293	6995

出所：*Economic Survey of Europe*, 2003 No. 1, p. 239, United Nations 2003.

表6-7 チェコ共和国への外国直接投資（1999年―2001年）（国別）

	1999		2000		2001	
	100万CZK	%	100万CZK	%	100万CZK	%
世界合計	218811,5	100.0	192421,1	100.0	187001,3	100.0
ヨーロッパ合計	196445,7	89.8	172185,4	89.5	172977,9	92.5
EU合計	182152,8	83.2	153046,9	79.5	164014,2	87.7
ベルギー	47802,1	21.8	2041,1	1.1	1816,2	1.0
フランス	8036,5	3.7	8969,3	4.7	52094,7	27.9
イタリア	1624,5	0.7	1392,1	0.7	3,7	0.0
ドイツ	44987,9	20.6	51023,6	26.5	52304,3	28.0
オランダ	39125,6	17.9	39982,9	20.8	31083,3	16.6
オーストリア	28831,1	13.2	28478,0	14.8	11230,2	6.0
イギリス	3605,0	1.6	6085,3	3.2	2436,2	1.3
スエーデン	4383,5	2.0	5695,8	3.0	788,0	0.4
EFTA合計	13523,3	6.2	8588,5	4.5	6786,8	3.6
スイス	12242,5	5.6	8813,2	4.6	5255,8	2.8
その他ヨーロッパ諸国合計	769,6	0.4	10550,0	5.5	2176,9	1.2
アジア合計	1919,0	0.9	1824,5	0.9	2412,5	1.3
アフリカ合計	132,3	0.1	9,4	0.0	23,7	0.0
アメリカ合計	20505,7	9.4	18207,9	9.5	11556,4	6.2
オーストラリア，オセアニア合計	－191,2	－0.1	194,0	0.1	30,7	0.0

出所：*Statistical Yearbook of the Czech Republic*, 2002, p. 230, Praha 2002.

割合をみることにより，輸出のGDPへの寄与率が計算できる。

　GDP成長率は，マイナス1.2（1998年），プラス0.5（1999年），プラス3.3（2000年），プラス3.3（2001年）となっており，1999年から回復傾向にあり，

第6章 政府主導型発展政策の可能性（戦後日本の経験に照らして）

表6-8 チェコ共和国への外国直接投資（2000年，2001年）（セクター別）

	2000		2001	
	100万CZK	%	100万CZK	%
合計	192421,1	100.0	187001,3	100.0
農・林・漁業	323,0	0.2	825,4	0.4
工業，合計	90030,8	46.8	65391,8	35.0
鉱業	2970,4	1.5	985,5	0.5
全製造業	79109,1	41.1	54521,0	29.2
食料品，飲料，タバコ	6801,1	3.5	3421,9	1.8
衣料品，皮製品	2621,3	1.4	3407,5	1.8
木材製品	302,0	0.2	763,0	0.4
パルプ，紙製品	1683,0	0.9	4583,4	2.5
石炭，石油製品	2587,4	1.3	1439,3	0.8
化学製品	5171,8	2.7	3182,0	1.7
ゴム，プラスチック製品	3747,4	1.9	2306,1	1.2
非鉄金属製品	4435,1	2.3	5136,8	2.7
金属製品	9661,9	5.0	3073,8	1.6
機械製品	5145,9	2.7	2168,2	1.2
電気機器	10223,4	5.3	13090,4	7.0
輸送機械	25240,2	13.1	11029,4	5.9
その他	1488,5	0.8	919,1	0.5
電気・ガス・水道供給	7951,4	4.1	9885,3	5.3
建設	3877,0	2.0	934,6	0.5
卸売業，小売業，その他	21632,3	11.2	22186,9	11.9
ホテル，レストラン	−446,8	−0.2	1496,4	0.8
コミュニケーション	9838,1	5.1	32086,2	17.2
金融仲介活動	36032,6	18.7	51445,8	27.5
不動産，その他	28904,5	15.0	11978,4	6.4
その他	2229,5	1.2	655,7	0.4

出所：*Statistical Yearbook of the Czech Republic*, 2002, p. 231, Praha 2002.

プラスの成長を遂げている（表6-9）。

　次に，1992年から2001年の輸出全体の動向をみる。

　チェコ共和国の輸出は，1992年から1998年の間コンスタントに上昇して

表 6-9 国内総生産（GDP）(1991年—2001年)：現行価格（単位：100万チェコ・クラウン）および1995年固定価格（前年＝100）

	1991	1992	1993	1994	1995	1996
現行価格	753767	842622	1020278	1182784	1381049	1566968
固定価格（前年比）	88.4	99.5	100.1	102.2	105.9	104.3

1997	1998	1999	2000	2001
1679921	1839088	1902293	1984833	2157828
99.2	98.8	100.5	103.3	103.3

出所：*Statistical Yearbook of the Czech Republic*, 2002, pp.140-143.

表 6-10 商品の輸出動向（1992年—2001年）（単位：10億USドル）
（現行価格単位：100万チェコ・クラウン）

	1992	1993	1994	1995	1996
チェコ共和国	8.767 (358712)	14.463 (414875)	15.882 (447554)	21.273 (554337)	22.180 (601227)
ハンガリー	10.681	8.921	10.701	12.867	15.704
ポーランド	13.187	14.202	17.240	22.887	24.440

1997	1998	1999	2000	2001
22.779 (722501)	26.351 (834227)	26.265 (908756)	29.052 (1121099)	33.369 (1269749)
19.100	23.005	25.012	28.092	30.498
25.756	28.229	27.407	31.651	36.092

出所：*Economic Survey of Europe*, 2003 No. 1, p. 233, United Nations 2003.

いるが，特に2000年における上昇が大きかった（表6-10）。そこで総輸出のGDPに占める割合を計算すると（表6-9，表6-10）例えば2000年では56.5％であり，GDPの約半分以上が輸出産業からなっていることがわかる。

それでは次に，それら商品の主な輸出先および主な輸出財を調べるために表6-11をみる。1995年のデータによれば，総輸出の約61％がEU諸国へ向かっており，そのEU全体の中でもドイツへの輸出が約62％も占めていることがわかる。この値は，1996年，1997年，1998年もほとんど同じであり，1999年では，それぞれ約69％および約61％，2000年ではそれぞれ約69％および約59％であった。このように主な輸出先がEU諸国であり，特に1999年以来その割合が増大しており，その中でもドイツへの輸出が主であることが

第6章 政府主導型発展政策の可能性（戦後日本の経験に照らして）

表6-11 外国貿易（輸出）（1995年—2001年）

(単位：100万チェコ・クラウン，FOB)

	1995	1996	1997	1998	1999	2000	2001
輸出合計	566171	601680	709261	834227	908756	1121099	1269749
OECD	488299	514085	611634	731046	820089	1007555	1146973
先進諸国	373656	387791	463628	578090	677520	838375	954249
EU	342653	352489	423939	533800	628914	768746	875405
ドイツ	209579	218874	256006	320780	381198	453521	484438
オーストリア	37323	38954	46059	53189	59434	66956	73077
EFTA	9536	9849	12062	14651	16516	20033	23171

出所：*Statistical Yearbook of the Czech Republic*, 2002, pp. 324-325.

わかる。

次に，EUへの主な輸出財がどの分野であるのかを見る（表6-12）。

EU諸国への輸出財のなかで最も多くの割合を占めているのは，工業製品および機械製品，電気機器，輸送機械である。これらは，EUへの輸出全体の約64%（1995年），約62%（1996年），約71%（1998年），および約72%（1999年）を占めている。このようにこれらのEU諸国への輸出が最近増大傾向にある。

さらにこれらセクターの製品がEU諸国のなかでどの国に多く輸出されているのかをみる。ドイツへの工業製品，機械製品，電気機器，輸送機械の輸出は，EUへのこれら全体の輸出額2230億6000万チェコ・クラウン（1995年）の約64%，さらに1996年も同じく約64%を占めている。1998年，1999年では約72%となっている。このようにドイツへの輸出の割合は近年増大している（表6-13）。

これらの統計からわかるように，FDIは主にEU諸国から投資され，その中でも特にドイツが主であること，またFDIの行先は主に機械部門であること，さらに輸出は主にEU諸国に向かっており，特にドイツへの輸出が大きく，その中でも機械部門の輸出が大きな割合を占めていることが明確である。さらに，これら輸出産業分野がGDP成長に大きく寄与していることから，FDIは特に1998年から現在にいたるまで重要な成長要因であったといえる。

しかし，このFDI促進による産業政策の結果，GDPは上昇したが，FDIに

表6-12 EU諸国への輸出(財別)(1995年―2001年)

(単位:100万チェコ・クラウン)

	1995	1996	1997	1998	1999
合計	350231	346239	432942	545767	642805
食料品	12017	8710	8284	7881	8411
飲料,タバコ	1470	2086	3455	3334	3284
原料	22667	23237	23228	23852	27692
鉱物燃料	12528	14558	14765	14731	16219
動物・植物油	372	288	354	354	323
化学製品	28181	24672	29405	29974	30960
工業製品	119372	98569	114581	138780	157974
機械製品,電気機器,輸送機械	103688	117141	170084	246335	302188
工業雑貨商品	49450	56449	68288	80182	95281
その他	486	529	498	344	473

出所:*Statistical Yearbook of the Czech Republic*, 1997, p. 465.
Statistical Yearbook of the Czech Republic, 1998, p. 495.
Statistical Yearbook of the Czech Republic, 2000, p. 520.

依存する政策は,ほとんどがグリーンフィールド投資[51]からなっていて,安い労働力に基づいた大量生産に基礎がある。したがって,一国の産業構造に基づく現存の私有化された中・小企業のリストラを伴って企業の競争力を高めるという意味では限界がある。さらに,上でみたようにFDIの約70%近くがEU諸国からのものである。EU企業の経営戦略は市場シェアの拡大であり,当該企業の分業体制のなかで投資決定がなされるので,チェコ共和国の自立的発展に必ずしも寄与するとはいえない。

このようにFDIのみにまかせておいては,一国の産業構造全体としてみたとき重要産業への融資と技術が投入されるとは限らない。特に地方の企業は,FDIに関心が向かず,資本力や技術力がないため発展することができていない。2004年5月に予定されているEU加盟後は,ますます競争力のない国内産業は淘汰されていくことになってしまう。

---

[51] グリーンフィールド投資(greenfield investment):現地の既存企業の買収・合併によらず新規に企業を設立する方法。

第6章　政府主導型発展政策の可能性（戦後日本の経験に照らして）

表6-13　ドイツへの輸出　（単位：100万チェコ・クラウン）

	1995	1996	1997	1998	1999
合計	215860	213815	258220	327610	391094
食料品	6743	4777	4900	4306	5004
飲料，タバコ	801	897	924	878	1233
原料	9208	11413	10270	11196	13724
鉱物燃料	6141	6782	6646	6367	8044
動物・植物油	311	226	265	317	241
化学製品	15684	13171	14881	16206	16488
工業製品	77092	63557	70494	85140	96526
機械製品，電気機器，輸送機械	66626	74310	103545	149699	186430
工業雑貨商品	33045	38459	46049	53193	62994
その他	209	223	246	308	410

出所：*Statistical Yearbook of the Czech Republic*, 1997, p. 483.
　　　Statistical Yearbook of the Czech Republic, 1998, p. 510.
　　　Statistical Yearbook of the Czech Republic, 2000, p. 523.

　そこで，EU内に単にとり込まれるのではなく，チェコ共和国にとって重要な産業に対して融資をしていくという産業政策によって，地場産業・戦略的産業分野を育成していくことが重要である。そのためには，資金融資をFDIのみに頼るのではなく，国内貯蓄をどのように運用していくかが重要である。現在多くの銀行は，国債を買っているが，消費者向けのローンが主な運用先になる傾向があり，一国にとり重要な企業向けローンはリスクが大きいことから避けようとする。これでは国内産業へ資金が循環していかない。従って，国内貯蓄をいかに効率的に政府系銀行を通じて企業へ配分していくか（政策金融の重視）およびEUから取得できる融資をいかに効率的に国内で配分していくかの双方が重要な鍵であろう。
　本書では戦後日本の例を示したが，最新技術の開発，地域経済の発展を外資に依存するだけではなく，政府による積極的な産業政策の展開により確保していくことが肝要である。
　EU加盟後は，特定産業への加盟国による政府支援策に替わって，EUの地域政策（Regional Policy）および構造基金（Structural Funds）を通じての実質的な産業政策の実施は可能であろう。EUの地域政策とは，チェコ政府を通

さずに直接 EU が地域へ融資するという制度である。例えば，FDI がこないような地域に新しいセクターを育成していく（例えば，ハイテク産業）といった長期的展望のもとに融資を与えていくことも検討してよいであろう。そのための融資源としては，EU 基金（EU Fund），欧州投資銀行（European Investment Bank）等がある。また構造基金の方は，EU とチェコ政府間の交渉により資金融資をチェコ政府に与えていくものである。そして，チェコ政府がその融資をいかに効率的に資金循環していくかが重要な役割である。そのためには，政府による産業政策が必要であり，そのためには民間部門の実態についての十分な情報や民間からの協力なしには適切な産業政策を実行することができない。この政府・企業間の情報提供の制度はその国によって異なるが，本書で示した戦後日本の例である通産省主導型の日本の審議会，業界団体といったものも参考になろう。

さずに直接 EU が地域へ融資するという制度である。例えば，FDI がこないような地域に新しいセクターを育成していく（例えば，ハイテク産業）といった長期的展望のもとに融資を与えていくことも検討してよいであろう。そのための融資源としては，EU 基金（EU Fund），欧州投資銀行（European Investment Bank）等がある。また構造基金の方は，EU とチェコ政府間の交渉により資金融資をチェコ政府に与えていくものである。そして，チェコ政府がその融資をいかに効率的に資金循環していくかが重要な役割である。そのためには，政府による産業政策が必要であり，そのためには民間部門の実態についての十分な情報や民間からの協力なしには適切な産業政策を実行することができない。この政府・企業間の情報提供の制度はその国によって異なるが，本書で示した戦後日本の例である通産省主導型の日本の審議会，業界団体といったものも参考になろう。

6-2 移行後（1990年代）の銀行・資本市場の構造

長期ローン	5067	82848	−621	−23397	223	87317	8040	95357
株式およびその他の自己資本	38554	24872	−39804		953	1178	38336	39514
保険支払い準備金	1893	22	66	5734	13	7728	58	7786
その他受取り勘定	124702	−4322	19566	14636	598	155180	−5725	149455
合計	234885	287814	7426	69952	3001	603078	82345	685423
負債と純資産の変化								
現金・預金		179854				179854	3873	183727
現金		27790				27790	3873	31663
振替え可能預金		52677				52677		52677
その他預金		99387				99387		99387
株式以外の証券	31716	62513	22083	1151	69	117532	51017	
ローン	143870	−21719	−881	16380	−127	137523	−1131	
短期ローン	31629	5568	1051	3241	−613	40876	159	
長期ローン	112241	−27287	−1932	13139	486	96647	−1290	95357
株式およびその他の自己資本	13542	22529				36071	3443	39514
保険支払い準備金		7786				7786		7786
その他支払い勘定	110606	3725	26495	6070	236	147132	2323	149455
純貸出し（+）／純借入れ（−）	−64849	33126	−40271	46271	2823	−22820	22820	
合計	234885	287814	7426	69952	3001	603078	82345	685423

出所：Fink and Haiss（1999），IFS 6/96．

第6章 政府主導型発展政策の可能性（戦後日本の経験に照らして）

表6-5 総投資に占めるインフラ投資と環境投資の割合

	1992	1993	1994	1995	1996	1997	1992-1997
総投資（単位：10億チェコ・クラウン）	340.2	260.5	346.1	459.3	548.1	558.9	2513.1
環境投資(1)	17.0	19.9	28.3	32.3	37.0	39.5	173.9
インフラストラクチャー投資(2)	28.9	33.3	45.8	61.6	91.8	100.0	361.3
(1)+(2)の総投資に占める割合	13.5%	20.4%	21.4%	20.4%	23.5%	25.0%	21.3%

出所：Czech Statistical Office（1999）.

6-2-4 移行後（1990年代）の資金循環チャート

図8は，チェコ共和国（1990年代）の資金循環チャートである。これによって，1989年以前すなわち移行以前と比較して現在までにどこが変化し，何がこの移行の結果であったかを見ている。これは次のようにまとめることができる。

1) 国家銀行（一元的銀行制度）は解体され，一つの中央銀行とその他の商業銀行（二元的銀行方式）へと移行した。従って，ここではじめて論理的には商業銀行が存在することとなり，企業への融資がこれら商業銀行を通じて可能となるという筋書きであった。しかし現実には，企業間債務に関する商業法および企業・銀行等の破産法といった法的制度の構築が不備であったこともあり，商業銀行から企業への効率的な融資にはまだ無理があった。

2) 企業の資材購入，賃金および投資決定に関しては国家の支配下ではなくなった。国民総生産は，自由市場経済の下での経済活動の結果として生まれることになった。

3) 現金はあらゆる市場においてその役割を果たすこととなった（単に賃金支払いと消費財市場のみにおいてでなく）。企業間支払いに関しても社会主義体制下での残高決算から手形・小切手決算へと移行し，企業間信用および資本計算が出現した。

4) 個人は単に貯蓄銀行のみでなくその他の商業銀行においても当座勘定を持つことができるようになったため，家計の貯蓄は，商業銀行ある

おわりに

　本書執筆の動機は，1980年代の初め約2年間チェコスロバキアのプラハに滞在し，実際に社会主義計画経済体制下の生活を体験したことである。チェコスロバキアは第二次世界大戦後，共産主義体制に入り，1960年代末期の一時期「人間の顔をした社会主義」を進めようとした「プラハの春」を経験したものの，この自由化の動きはソ連はじめワルシャワ条約諸国の軍事介入によって阻止され，以後フサーク書記長体制下，共産党独裁を強化し，社会主義計画経済の徹底により厳しい引締めの下におかれていた。
　この中でのプラハでの生活は，政治的自由はなく，文字通り「不足の経済」であり，人々は日々の生活必需品を長蛇の列をなして待つという有様で，国民生活の苦労は並大抵ではなかった。
　このようなチェコスロバキアの社会主義計画経済体制の実態を体験した著者にとって，1989年5月のハンガリー・オーストリア国境の鉄条網の撤去に始まったソ連・東欧諸国での社会主義体制の崩壊と議会制民主主義市場経済体制への新たな出発を当時オーストリアのウイーンで間近に見聞したことは，大きな驚きであり，共感を持った。
　その後開始されたチェコスロバキアにおける1990年代初めの市場経済化への移行のための処方箋が，IMF主導のショック・セラピー（自由化，安定化，私有化から成る）であった。このような急激な方法が採られたことについて著者は，チェコスロバキアの人々が戦後40年の長きにわたって政治・経済両面において自由を抑圧されてきたことから旧体制を一挙に打破し，西欧，アメリカのごとき市場経済体制の導入を図ろうとしたものと理解した。他方で著者の頭の中には，敗戦から戦後の奇蹟といわれる復興・経済発展を成し遂げた日本経済の経験には，チェコスロバキアなど移行期の経済改革にとって参考になるものがあるのではないかとのアイデアがあった。

おわりに

　チェコ政府が1990年代前半に採ったショック・セラピーに則った政策は，確かに，移行後に予想された急激なインフレを相対的に抑え，物価の安定には寄与した。しかし，競争力のある企業を出現させ，その上に持続的経済成長を導くことには未だ成功しているとはいえない。

　本書では，チェコスロバキアで採用されたショック・セラピー（自由化政策，安定化政策，私有化政策）を検討してみた。その際，国有企業の私有化政策として採用されたこの国独特の改革であったバウチャー私有化政策に，注目して検討した。このバウチャー私有化政策こそ，チェコスロバキアの移行政策に良い意味でも悪い意味でも特徴的なものであった。そしてこのような特徴を生み出したのは，チェコスロバキアが40年の長きにわたって社会主義体制下におかれた結果，政治家および国民の意識の中に根強い平等主義が存続していたことと，新しい市場経済への認識不足が露呈したからである。

　バウチャー私有化政策は，国有財産である国有企業を国民にできるだけ広く平等に分配するという発想であった。しかし，市場経済体制そのものを意図的に破壊してきた社会主義体制下に慣れていた国民は，受け取ったバウチャーをいかにして優良な企業の株に交換するかについて十分な知識を持たず，結局，私有化された企業は，旧い意識と旧い体制からの人的関係を引きずった少数の大銀行との癒着を強め，企業は競争力を持つに至らず，結果として競争市場が出現したとは言えない。

　ショック・セラピーがチェコ（スロバキア）において十分所期の成果をあげなかったのは，移行諸国においてはその他の先進諸国のように，市場経済が作動しだす諸条件を備えておらず，また移行諸国と通常の発展途上国との区別もせずこの政策を適用しようとしたことに無理があったため，と結論づけることができよう。

　むしろ，サイモン・クズネッツおよびワシリー・レオンチェフによる発展過程において経済構造を強調する成長・発展論に着目すべきであったろう。すなわち，チェコ共和国のごとき移行期にある国の経済の持続的成長を促す上で，移行期に直面する構造（特にミクロの）の問題を解決し，銀行・企業のリストラと強化を図る必要があろう。この構造的アプローチを採用するに当たって本書は，財閥解体など一連の戦時経済体制解体後の戦後の一時期（1950年－1955年），直接金融が未熟であった日本が，政府系金融機関を創設

して，国民の貯蓄を有効に集め，戦略的産業に融資することで育成していった産業政策が参考になるのではないか，と結論づけている。

現在，チェコ共和国では，1997年以来外国直接投資（FDI）の導入も進んできており，2004年春予定のEU加盟後はその傾向が一層加速しよう。しかし，一国の経済発展は，基本的にはその国本来のしっかりした構造改革のもとに，政府・企業の競争力強化が大切である。この考えの下で，チェコ共和国においても将来EUの地域政策（Regional Policy）およびEU構造基金（EU Structural Fund）といった政策の中で成長・発展を進めていくにしても，政府の構想能力，銀行・企業のたくましい競争力の強化が引き続き必要であろうことを付言したい。

最後になるが，はたして本書でみてきたような戦後日本経済が達成した急激な経済成長・発展が，現在チェコ共和国において可能なのか，あるいは必要なのか，という問がある。著者は，日本の例（1945年から1970年）をあげ，戦時経済から市場経済への移行から生じてきた問題を解決し，市場経済を早く設立していく上で，いかに政府が重要な役割を果たしたかを述べた。著者の考えでは，日本は，このようなキャッチング・アップ構造を，国際収支均衡が達成された1970年にストップすべきであったと思う。今日まで同じ構造政策を続けてきてしまうのではなく，この時点で市場にまかすべきであった。現在の日本は，この長すぎた政府介入のために銀行の不良債権問題および企業の負債問題を抱えており，大変な犠牲を払うこととなった。今度は，日本に銀行制度の構造改革が必要であり，産業政策の考え方の改革が必要であり，政府・銀行・企業間の協力関係の改革も必要である。この重要な点も含めて，競争市場経済の設立の枠組みの中で，企業と銀行のリストラを進めなければいけないチェコ共和国にとって，日本の経験を一つの提案として述べた。

このポイントを考慮した上で，そして戦後日本と1989年以後のチェコ共和国の持つ初期条件の違いも考慮した上で，本書は，戦後日本（1945年から1970年）において果たした政府・銀行・企業の役割が，少なくともキャッチング・アップの一時期において，チェコ共和国に競争市場経済を導入するための解決策の一つであることを示している。移行過程から生じる構造問題を解決することなくして，そして政府のなんらかの産業政策を通じて市場経済

おわりに

を設立することなくして，バウチャー私有化が意図したように競争的企業が機能しだすということはなかった。

そして，2004年5月にEU加盟を控えた現在においても，本書で示した戦後日本の一時期の例は，EUからの融資と国内資金をいかに有効に配分しEU加盟というさらなる新しい体制の中でいかに自国産業を育成していけるかという点では一つの提案となると思う。そして重要なことは，各国それぞれに適した市場経済体制を確立すべきであり，それは，その国の政府，銀行，企業をつかさどっているその国の人々が創り出すものであることを強調しておきたい。

参 考 文 献

Aoki, Masahiko, and Kim Hyung-Ki (1995), *Corporate Governance in Transition Economies - Insider Control and the Role of Banks-*, EDI Development Studies, The World Bank, Washington, D. C.

Aoki, Masahiko, Okuno Masahiro, and Fujiwara (1996), *Comparative Institutional Analysis: New Approach to Economic Systems*, University of Tokyo Press.

有沢広巳 (1967),『日本産業百年史』Ⅰ・Ⅱ, 日本経済新聞社。

Balcerowicz, Leszek (1995), *Socialism, Capitalism, Transformation*, Central European University Press.

Behrman, Jere, and Srinivasan, T. N. (1995), *Handbook of Development Economics*, Vol. III, A. B., Elsevier.

Black, Cyril E., et al. (1995), *The Modernization of Japan and Russia*, The Free Press, New York.

Blazek, Ladislav (1997), *Czech Enterprises in the Process of Transition*, Faculty of Economics and Administration, Masaryk University, Brno.

Bolton, Patrick, and Gerard Roland (1992), *Privatization in Central and Eastern Europe, Economic Policy - A European Forum*, Cambridge University Press.

Brabant, Josef M. van (1993), "Industrial Policy in Eastern Europe - Governing the Transition", *International Studies in Economics and Econometrics Vol. 31*.

Bruno, Michael (1992), *Stabilization and Reform in Eastern Europe-A Preliminary Evaluation-*, IMF Staff Papers Vol. 39, No. 4 (December).

Bruno, Michael (1993), "Stabilization and the Macroeconomics of Transition- How Different is Eastern Europe?", *Economics of Transition,* Volume 1(1): pp. 5-19.

Buch, Claudia M. (1996), *Creating Efficient Banking Systems - Theory and Evidence from Eastern Europe*, Kieler Studien 277, Institute für Weltwirtschaft an der Universität Kiel, Herausgegeben von Horst Siebert, J. C. B. MOHR (Paul Siebeck) Tübingen.

Bundesministerium für Wirtschaft (1997), *Wirtschaftslage und Reformprozesse in Mittel- und Osteuropa* (Economic Situation and Reform Process in Middle and East Europe), Sammelband 1997, Nr. 420.

参考文献

Calder, E. Kent (1993), *Strategic Capitalism -Private Business and Public Purpose in Japanese Industrial Finance-*, Princeton University Press.

Chang, Ha-Joon, and Peter Nolan (1995), *The Transformation of the Communist Economies - Against the Mainstream-*, St. Martin's Press.

Chenery, Hollis (1960), "Pattern of Industrial Growth", *American Economic Review*, 50: pp. 624-654.

Chenery, Hollis (1961), "Comparative Advantage and Development Policy", *American Economic Review*, March 18.

Chenery, Hollis, Shuntaro Shishido, and Tsunehiko Watanabe (1962), "The Pattern of Japanese Growth, 1914-19", *Econometrica*, Vol. 30, No. 1: pp. 98-139.

Csaba, Laszlo (2000), *Ostpolitik and Enlargement of the EU: The Challenge of the Millennium*, Paper presented at the 50th anniversary symposium of the Japan Society of International Economics, Globalization and Regionalism, Hitotsubashi University, Tokyo, pp. 20-22 October, 2000.

Czech National Bank (1996), *Banking Supervision in the Czech Republic*, Czech National Bank.

Czech National Bank (1998), *Annual Report 1998*, Czech National Bank.

Czech National Bank (1999), *Inflation Report*, Czech National Bank, April 1999.

Czech Statistical Office (1994), *Statistical Yearbook of the Czech Republic (1994)*.

Czech Statistical Office (1995), *Statistical Yearbook of the Czech Republic (1995)*.

Czech Statistical Office (1996), *Statistical Yearbook of the Czech Republic (1996)*.

Czech Statistical Office (1997), *Statistical Yearbook of the Czech Republic (1997)*.

Czech Statistical Office (1998), *Statistical Yearbook of the Czech Republic (1998)*.

Czech Statistical Office (1999), *Statistical Yearbook of the Czech Republic (1999)*.

Dallago, Bruno (2000), *The State and the Transformation of Economic Systems*, Second Workshop The International Center for the Study of East Asian Development, Kitakyushu City (ICSEAD) and Nomura Research Institute, Budapest, Main Building of the Academy of Sciences, November pp. 24-25, 2000.

Dodaro, Santo (1991), "Comparative Advantage, Trade and Growth: Export-Led Growth Revisited", *World Development* 19, No. 9: pp. 1153-1165.

Economic Commission for Europe (1991), *Economic Bulletin for Europe*, Vol. 43 (1991), United Nations, New York.

参考文献

Economic Commission for Europe (1995), *Economic Bulletin for Europe*, Vol. 46 (1994), United Nations, New York and Geneva.

Economic Commission for Europe (1991), *Economic Survey of Europe in 1990-1991*, United Nations, New York.

Economic Commission for Europe (1992), *Economic Survey of Europe in 1991-1992*, United Nations, New York.

Economic Commission for Europe (1993), *Economic Survey of Europe in 1992-1993*, United Nations, New York.

Economic Commission for Europe (1994), *Economic Survey of Europe in 1993-1994*, United Nations, New York and Geneva.

Economic Commission for Europe (1995), *Economic Survey of Europe in 1994-1995*, Chapter 3: "The Transformation Economies" and Chapter 4: "Selected Aspects of Structural Reform in the Transition Economies", United Nations, New York and Geneva.

Economic Commission for Europe (1998), No. 1 and 2, *Economic Survey of Europe*, United Nations, New York and Geneva.

European Bank for Reconstruction and Development (EBRD) (1997), *Transition Report - Enterprise Performance and Growth*, London.

European Bank for Reconstruction and Development (EBRD) (1999), *Transition Report*.

Fink, Gerhard, and Peter Haiss (1996), "Finanzmarktreform in Osteuropa", in *Zeitschrift für das Gesamte Bank- und Börsenwesen*, 6 & 7/1996, No. 44 Jahrgang, Sonderdruck, Österreichischen Bankwissenschaftlichen Gesellschaft, Bank Verlag Wien, ORAC.

Fink, Gerhard, and Peter Haiss (1998), *Seven Years of Financial Market Reform in Central Europe*, SUERF Series.

Friedman, David (1988), *The Misunderstood Miracle - Industrial Development and Political Change in Japan*, Cornell University Press, Ithaca and London.

Fujikawa, Tetsuma (1994), *Economic Reforms in Russia and Eastern Europe - Will Marketization Succeed?*, Saimaru Publishing Company.

福島量一・山口光秀・石川周共編（1973）『財政投融資』大蔵財務協会。

GATT (1958), *Basic Instruments and Selected Documents*, Supplement No. 6,

参考文献

1958.

後藤新一（1988）『産業の昭和社会史：銀行』第9巻，日本経済評論社。

Grosfeld, Irena and Senik-Leygonie, Claudia（1998）, *Industrial Policy in the Russian Transition. What can the State do for Industrial Firms*, Paper presented at the Russian Economic Center for Economic Policy and CEPR conference Economic and Social Reform in Russia: a European-Russian Dialogue, Moscow: 11-12 September 1998.

Grossman, G., and E. Helpman（1991）, *Innovation and Growth in the Global Economy*, Cambridge, London, MIT Press.

Hadley, E. M.（1970）, *Antitrust in Japan*, Princeton, N. J., Princeton University Press.

Hamada, Koich, and Munehisa Kasuya（1992）, *The Reconstruction and Stabilization of the Postwar Japanese Economy: Possible Lessons for Eastern Europe?*, Center Discussion Paper *No. 672*, Economic Growth Center Yale University.

Hare P., and G. Hughes（1991）, *Competitiveness and Industrial Restructuring in Czechoslovakia, Hungary and Poland*, Center for Economic Policy Research, London.

Harrod, R. F.（1939）, "An Essay in Dynamic Theory", *Economic Journal* 49, March.

橋本寿郎（1995）『戦後の日本経済』岩波新書。

Havlik P. and others（2000）, *The Transition Countries in Early 2000: Improved Outlook for Growth, But Unemployment is Still Rising*, WIIW Research Report, No. 266, June 2000.

林信太郎（1977），「経済自立と技術導入」伊藤光晴『戦後産業史への証言1（産業政策）』，pp. 63-122，毎日新聞社。

林信太郎（1961）『日本機会輸出論』，東洋経済新報社。

Heinrich, Ralph（1999）, *Complementarities in Corporate Governance - A Survey of the Literature with Special Emphasis on Japan*, Kiel Institute of World Economics, Kiel Working Paper No. 947, September 1999.

Helpman, E.（1984）, "Increasing Returns, Imperfect Markets, and Trade Theory", in R. W. Jones and P. B. Kenen, eds., *Handbook of International Economics*, Amsterdam, North Holland: 325-365.

堀内昭義（1999）『日本経済と金融危機』，岩波書店，1999年2月。

Hughes, Gordon, and Paul Hare (1994), "The International Competitiveness of Industries in Bulgaria, Czechoslovakia, Hungary and Poland", *Oxford Economic Papers* 46: pp. 200-221.

今井善衛 (1977)「自由化の指針」伊藤光晴『戦後産業史への証言1 (産業政策)』, pp. 159-179, 毎日新聞社。

International Monetary Fund (1998), *International Financial Statistics* 51, 1-2, Jan. Feb.

岩井克人 (1994)『資本主義を語る』, 講談社。

Janacek, Kamil (2000), *Privatization in the Czech Republic: Results, Problems and Open Issues*, Paper presented at the International Conference on the 10-year Review of Transition Economies and Challenges in the Next Decade, Vienna in November 30 to December 1, 2000.

Johnson Chalmers (1982), *MITI and the Japanese Miracle*, Stanford University.

Kang, W. Cheul (1991), *Trade Policy and Economic Growth of the Republic of Korea*, Asian Profile, Vol. 19, No. 2, April 1991.

Kaplan, Eugene (1972), *Japan: The Government-Business Relationship*, US Department of Commerce.

経済企画庁 (1989)『戦後経済復興と経済安定本部』。

経済企画庁 (1989)『現代日本経済の展開：1946年—1955年』。

経済安定本部 (1947)『経済実証報告』。

経済安定本部 (1947)『経済白書』第1巻—第8巻, 日本経済評論社。

経済企画庁 (1992)『戦後史』第1巻, 経済企画庁。

経済企画庁 (1964)『戦後史第7巻：経済安定本部史』, 経済企画庁。

Klacek, Jan (1995), "Capital Accumulation for Long-Term Economic Growth in the Czech Republic", in Griffith-Jones Stephany and Drabek Zdenek, eds., *Financial Reform in Central and Eastern Europe*, pp. 93-104.

Klacek, Jan (1995), *The Role of Banks in Privatization in the Czech Republic and Ownership Structures*, Paper for the Fifth EACES Workshop Privatization and Distribution in Trento, 3-4 March.

Klacek, Jan. et al. (1991), *Economic Reform in Czechoslovakia*, Institute of Economics of the Czechoslovak Academy of Sciences, Prague.

Klacek, Jan, and Miroslav Hrncir (1993), "Prospects for Economic Recovery and the

参考文献

Role of Industrial Policy: The Case of Czechoslovakia", MOCT-MOST Jan. 93 No. 1, *Economic Journal on Eastern Europe and the Former Soviet Union*: pp. 51-62.

Klacek Jan, and Karel Kouba (1995), *Macroeconomic Trends and Monetary Development in the Czech Republic*, in Reevaluating Economic Reforms in Central and Eastern Europe since 1989, International Workshop, Budapest, 15-16 September 1995, National Institute for Research Advancement (NIRA) Tokyo, Japan and Kopint-Dataorg Foundation for Economic Research Budapest, Hungary.

Klodt, Henning (1994), *Perspektiven für Mittel- und Osteuropa in der Internationalen Arbeitsteilung*, WiSt Heft 11, November 1994.

小島清（1958）『日本貿易と経済発展』，国元書房。

Kolodko, W. Grzegorz (1998), *Ten Years of Post-Socialist Transition:the Lessons for Policy Reforms*, The World Bank Development Economic Research Group, Washington, D. C..

Kolodko, W. Grzegorz (1999), "Transition to a Market Economy and Sustained Growth. Implications for the Post-Washington Consensus", *Communist and Post-Communist Studies* 32 (1999) pp. 233-261.

Kolodko, W. Grzegorz (2000), *Globalization and Catching-Up: From Recession to Growth in Transition Economies*, IMF Working Paper, WP/00/100, International Monetary Fund, June 2000.

Komiya, Ryutaro, Masahiro Okuno, and Kotaro Suzumura (1988), *Industrial Policy of Japan*, Academic Press, Inc.

Kopint-Datorg Economic Research (1998), *Economic Trends in Eastern Europe*, Vol. 7, No. 1 (1998), Marketing and Computing Company Limited, Budapest.

Kornai, Janos (2000), *Ten Years After 'The Road to a Free Economy: The Author's Self-Evaluation*, Paper for the World Bank Annual Bank Conference on Development Economics ABCDE, April 18-20, 2000, Washington D.C..

Kosai, Yutaka, and Juro Teranishi (1993), *Economic Reform in Postwar Japan: Government and the Market*, University of Tokyo Press.

Kouba, Karel (1994), "Systemic Change in the Czech Economy After Four Years (1990-1993)", *Acta Oeconomica*, Vol. 46 (3-4): pp. 381-388.

小山五郎（1979）「三井グループの再結集」志村嘉一『戦後産業史への証言5（企業集団の形成）』，pp. 30‐40，毎日新聞社。

Kramer, Heinz (1993), "The European Community's Response to the New Eastern Europe", *Journal of Common Market Studies*, Vol. 31 (1993): pp. 213-244.

Kuroda, Masahiro (1993), "Stabilization Policy", in: *The Japanese Experience of Economic Reforms* edited by Juro Teranishi and Yutaka Kosai (pp. 31-60), Macmillan Press Ltd.

Kuschel, Hans-Dieter (1992), "Die Europaabkommen der EG mit Polen, Ungarn und der CSFR", *Wirtschaftsdienst* 1992/II.

Kuznets, Simon (1959), *Six Lectures on Economic Growth*, The Johns Hopkins University, The Free Press of Glencoe, Illinois.

Kuznets, Simon (1966), *Modern Economic Growth: Rate, Structure, and Spread*, New Haven and London, Yale University Press.

Langhammer, J. (1992), *Die Assozierungsabkommen mit der CSFR, Polen and Ungarn: wegweisend oder abweisend?*, Discussion Paper No. 182, Kiel, Institute for World Economics.

Lavigne, Marie (1999), *The Economics of Transition-From Socialist Economy to Market Economy-*, Second Edition, St. Martin's Press, Inc., 1999.

Leontief, Wassily (1985), *Essays in Economics, theories, theorizing, facts, and Policies*, Transaction Books New Brunswick (USA) and Oxford (UK).

Lewis, W. A. (1954), "Economic Development with Unlimited Supply of Labour", *Manchester School of Economic and Social Studies*, 22: pp. 139-191.

Lewis, W. A. (1984), "The State of Development Theory", *American Economic Review* 74: 1-10.

Mertlik, Pavel (1995), *Czech Privatization: From Public Ownership to Public Ownership in Five Years?*, Prague Economic Papers, 4.

Mertlik, Pavel (1998), "A Case Study: The Czech Privatization and Subsequent Structural Changes in Capital Ownership and Property Rights" in Chapter 5, *Economic Survey of Europe*, 1998 No. 2: p. 108.

Mejstrik, Michael and Burger, L. James (1992), *The Czechoslovak Large Privatization*, Working Paper No. 10, July 1992, CERGE (Center for Economic Research and Graduate Education), Charles University.

Mejstrik, Michael (1992), *Czech Investment Funds as a Part of Financial Sector and Their Role in Privatization of the Economy*, Reform Round Table Working

参考文献

Paper No.14, Institute of Economic Studies, Charles University.
水上達三（1979）「三井物産大合同への道」志村嘉一『戦後産業史への証言 5（企業集団の形成）』，pp. 10‐29，毎日新聞社。
宮崎勇（1996）『日本経済図説』，岩波書店。
Mlcoch, Lubomir (2000), *Lessons and Challenges in Transition*, Conference Hall of the Czech National Bank, 22 September 2000.
Mlcoch, Lubomir and Machonin, Pavel and Sojka, Milan (2000), *Economic and Social Changes in Czech Society After 1989: / an alternative view*, Charles University in Prague, The Karolinum Press, 2000.
両角良彦（1966）『産業政策の理論』，日本経済新聞社，1966年8月。
Mussa, Michael and Savastano, Miguel (1999), *The IMF Approach to Economic Stabilization*, International Monetary Fund, Research Department, IMF Working Paper, July 1999, WP/99/104.
中村隆英（1986）『昭和経済史』，岩波書店。
中村隆英（1989）『日本経済史(6)：二重構造』，岩波書店。
中村隆英（1989）『日本経済史(7)：計画と民主化』，岩波書店。
中山伊知郎（1992）『戦後経済史(1)：総論』，経済企画庁，青木書院。
中山伊知郎（1992）『戦後経済史(5)：貿易国際収支』，経済企画庁，青木書院。
日本開発銀行（1976）『日本開発銀行25年史』，25年史編纂委員会編纂。
日本開発銀行（1963）『日本開発銀行10年史』，10年史編纂委員会編纂。
日本開発銀行（1956）『日本産業の発展と近代化』，日本開発銀行。
日本銀行（1985）『日本銀行百年史』，日本銀行百年史編集委員会編集。
日本興業銀行（1982）『日本興業銀行75年史』，日本興業銀行。
西村可明（1995）『社会主義から資本主義へ』，日本評論社。
野口悠紀雄（1995）『1940年体制 ―さらば戦時経済―』，東洋経済新報社。
OECD (1994), *Economic Surveys: The Czech and Slovak Republics 1994*.
OECD (1996), *Economic Surveys 1995-1996: Czech Republic*.
OECD (1998), *Economic Surveys 1997-1998: Czech Republic*.
OECD (2000), *Economic Surveys 1999-2000: Czech Republic*.
OECD (1996), *Quarterly National Account No. 1 (1996): Czech Republic*.
Ohkawa, Kazushi, and Henry Rosovsky (1973), *Japanese Economic Growth, Trend Acceleration in the Twentieth Century*, Stanford University Press, Stanford, Cali-

fornia.

大蔵省財政史室（1976）『昭和財政史』，第2巻：pp. 3 - 86, pp. 247 - 599，東洋経済新報社。

大蔵省財政史室（1976）『昭和財政史』，第3巻：pp. 202 - 206, pp. 295 - 310，東洋経済新報社。

大蔵省財政史室（1976）『昭和財政史』，第4巻：pp. 397 - 408，東洋経済新報社。

大蔵省財政史室（1976）『昭和財政史』，第10巻：p. 315，東洋経済新報社。

大蔵省財政史室（1976）『昭和財政史』，第13巻：pp. 95 - 193, pp. 330 - 365, pp. 523 - 542, 1069，東洋経済新報社。

大蔵省財政史室（1976）『昭和財政史』，第15巻：pp. 362 - 364，東洋経済新報社。

大蔵省財政史室（1976）『昭和財政史』，第19巻：pp. 27 - 28, p. 40, pp. 42 - 45, p. 52, p. 57, pp. 64 - 65, p. 90, pp. 120 - 121, p. 302, p. 473, pp. 657 - 658，東洋経済新報社。

大野健一（1996）『市場移行戦略』，有非閣。

太田利三郎（1979）『開銀の役割』，志村嘉一：戦後産業史への証言5（企業集団の形成），pp. 170 - 182，毎日新聞社。

岡崎哲二・奥野正寛（1993）『現代日本経済システムの源流』，現代経済研究シリーズ6。

奥村宏（1994）『日本の6大企業集団』，朝日文庫，朝日新聞社。

Pick, Milos, and Ota Turek (1993), *Banking in the Czech Republic*, WIIT Mitgliederinformaiton 1993/12.

Sachs, Jeffrey (1995), "Reforms in Eastern Europe and the Former Soviet Union in Light of the East Asian Experience", *Journal of the Japanese and International Economies* 9: pp. 454-485.

Salzman, Richard (1993), *The Changing Role of the Banking System in the Czech Economic Reform*, Bankarchiv, 9/1993: pp. 673-678.

Schmieding, Holger (1993), *From Plan to Market: On the Nature of the Transformation Crisis*,Weltwirtschaftliches Archiv: pp. 216-253.

塩沢修平（1996）『経済学・入門』，有非閣アルマ。

白鳥正喜（1998）『開発と援助の政治経済学』，東洋経済新報社。

Schumpeter, J. (1961), *The Theory of Economic Development*, N.Y. Oxford Unversity Press.

参考文献

Stiglitz, E. Joseph (1999), *Whither Reform? - Ten Years of the Transition*, World Bank Annual Bank Conference on Development Economics, Washington, D.C., April 28-30, 1999.

首藤恵・松浦克巳・米澤康博 (1996)『日本の企業金融―変化する銀行・証券の役割』, 東洋経済新報社, 1996年5月.

Svejnar, Jan (1995), *The Czech Republic and Economic Transition in Eastern Europe*, Academic Press.

Szamuely, Laszlo (1974), *First Models of the Socialist Economic Systems - Principles and Theories*, Akamemiai Kiado , Budapest 1974. (Translated from the Hungarian original book, *Az elso szocialista gazdasagi mechanizmusok. Elvek es elmeletek*, Kozgazdasagi es Jogi Konyvkiado, Budapest, translated by GY. Hajdu, revised by Maurice H. Dobb, Trinity College, Cambridge).

館龍一郎 (1991)『日本の経済』, 東京大学出版会.

玉城肇 (1976)『日本財閥史』, 社会思想社.

寺西重郎 (1982)『日本の経済発展と金融』, 岩波書店, 1982年9月.

栂井義雄 (1978)『三井財閥史：大正時代と昭和時代』, 教育社歴史新書, 日本史125.

辻村和佑 (1989)『日本の金融・証券・為替市場』, 東洋経済新報社.

鶴田俊正 (1962)『戦後日本の産業政策』, 日本経済新聞社.

通商産業省 (1994)『通商産業政策史：第1期戦後復興期』(第3巻), 通商産業調査会.

通商産業省 (1994)『通商産業政策史』(第16巻), 通商産業調査会.

Turnovec, Frantisek (2000), "Czech Republic 1990-2000, Lessons from the First Decade of Economic and Political Transformation", Paper presented for the ICSEAD workshop Transitional Economies in Central-Eastern Europe and East Asia, Hungarian Academy of Science, Budapest, November 24-25, 2000.

宇田川勝 (1982)『昭和史と新興財閥』, 教育社歴史新書, 日本史149.

United Nations (1998), *Economic Survey of Europe*, 1998 No. 1.

Vratislav Izak (1998), *Monetary Transmission Mechanism (Lending Channel)*, Praha 1998, WP No. 90, Institut Ekonomie, Czech National Bank.

Vindentz, Von Volkhart (1994), *Internationaler Handel auf unvollkommenen Märkten: Implikationen für Osteuropa, Konjunkturpolitik*, 40. Jahrg. H. 2

(1994), Verlag Duncker & Humblot GmbH, Berlin.

渡辺佐平・北原道貫（1966）『現代日本産業発展史 XXVI，銀行』，現代日本産業発達史研究会。

Williamson, John（1997），"The Washington Consensus Revisited" in: Louis Emmerij（Ed），*Economic and Social Development into the XXI Century*, Washington D. C.:Inter-American Development Bank, 1997.

Yasuda, Ayako（1993），*Information and Signaling Roles of the Industrial Bank of Japan（IBJ）and Japan Development Bank（JDB）- Performance and Roles of Japanese Development Bank*, Stanford University.

安場保吉・猪木武徳（1989）『日本経済史(8)―高度成長―』，岩波書店。

安岡重明（1979）『三井財閥史：現代から明治時代』，教育社歴史新書，日本史 136。

吉川洋（1992）『日本経済とマクロ経済』，東洋経済新報社。

Zysman, John（1983），*Governments, Markets and Growth: Financial System and the Politics of Industrial Change*, Ithaca, N. Y., Cornell University Press.

事項索引

<あ>

IMF (International Monetary Fund)
  国際通貨基金 …………15, 17, 28, 37
「安定化」(stabilization) ………………25
安定化政策 …………………………28, 31
移行 (transformation) …15, 20, 25, 27, 134
  ——諸国 ……………………………17, 20
一元的銀行制度 (mono‐bank system)
  ……………………115, 118, 123, 126
EBRD (European Bank for Reconstruction and Development) 欧州復興開発銀行 …………………………………15
EU (European Union) 欧州連合
  ………………………28, 136, 139, 142, 148
EUの構造基金 (Structural Funds)
  …………………………………142, 147
EUの地域政策 (Regional Policy)
  …………………………………142, 147
OECD (Organization for Economic Cooperation and Development)
  経済協力開発機構 …………………15

<か>

外国直接投資 ………………………136
GATT (General Agreement on Tariffs and Trade) 関税と貿易に関する一般協定 …………………………………28
過度経済力集中排除法 ………………77
間接金融・直接金融
  戦後日本の—— (1954年-1964年) …97
  チェコ共和国の—— (1994) …………121
企業合理化促進政策 ……………………92
企業負債 (企業債務) ………52, 61, 134, 147

供給不足 …………………………56, 64
業界団体 ………………………………99
銀行の私有化 …………………………47
銀行不良債権 …………48, 52, 62, 134, 147
グラジュアリズム ……………………15
グリーン・フィールド投資 …………29, 141
経済安定9原則 ………………………86
経済安定本部 …………………………86
傾斜生産方式 …………………………113
系列 ……………………………………62
現実社会主義 (Real Socialism) ………67
構造 ……………………………………3
  ——変化 ……………………………3, 129
国有企業の私有化 ……………………48
国有財産とその私有化の管理権
  (Ministry for Administration of the National Property and its of Privatization : MANPP) …………………33
国有資産基金 (National Property Fund : NPF) ……………………29, 33, 48, 59
国家銀行 (state bank) ……26, 118, 119, 120
COMECON (Council for Mutual Economic Assistance) コメコン …53, 56
Komercini banka : KB
  (コメルチニー銀行) …………47, 131
コンツェルン (Konzern) ………………62

<さ>

再生プログラム ……………………131
財閥解体 ………69, 71, 73, 76, 78, 83, 112, 114
サイモン・クズネッツ
  (Simon Kuznets) …………………21
産業合理化促進政策 …………………92
産業政策 ……………………22, 91, 129, 142, 147

戦後日本の産業政策
　　——1945 年-1970 年 ………………92
　　——1950 年-1955 年 ……………128
資金運用部……………………………98
資金循環 ……………………… 117, 123
資金循環チャート
　　——チェコスロバキア（移行以前）
　　（1970 年代および 1980 年代） ………119
　　——チェコ共和国（移行後）
　　（1990 年代） ……………………127
　　——日本（戦後）
　　（1945 年-1970 年） ………………130
市場経済体制…………………38, 69, 92
Zivnostenska Banka: ZB
　　（ジブノステンスカ銀行）………………47
社会主義（計画）体制 …………38, 63
「私有化」（Privatization）………………25
私有化後の企業構造………………………51
私有化後の銀行……………………………51
「自由化」（Liberalization） ………………25
自由化政策 ……………………………30, 38
ショック・セラピー ……………… 15, 18
審議会 ………………………………100
Skoda Pilzen ……………………132
正統派社会主義（Orthodox Socialism）…67
政府の役割 ……………17, 19, 88, 90, 134
整理銀行（KoB）………47, 53, 128, 131, 133
世界銀行 ……………………………17, 37
戦時経済（計画）体制 ………………68, 71
占領軍総司令部（General Headquarter：
　　GHQ） ……………………………74, 78, 87

〈た〉

Tatra ………………………………132
短期融資 ……………………………103
チェコ共和国 …………………… 39, 43
チェコ中央銀行

（Czech National Bank：CNB）…41, 42, 47
チェコスロバキア ………………… 39, 43
チェコスロバキア国立銀行…………………47
Ceska Sporitelna：CS
　　（チェコ貯蓄銀行）……………47, 120, 131
Ceskoslovenska Obchodni Banka：
　　CSOB（チェコスロバキア・
　　オブホドニー銀行） ……………………47
長期融資 ………………………59, 90, 103
超過需要 ……………………………55, 64
中間的経済安定プログラム…………………86
通商産業省（Ministry of International
　　Trade and Industry：MITI） ……………99
Investicimi Banka：IB（投資銀行）………47
投資ファンド（Investment Privatization
　　Funds：IPFs） ………………34, 51, 52
独占禁止法 …………………………77
ドッジ・プラン ……………5, 87, 113, 114
トンネル・ローン …………………………53

〈な〉

二元的銀行制度（two‐tier banking
　　system）……………115, 118, 123, 126
二重価格制度…………………………88
日本開発銀行………………………98, 100
　　——融資 ……………106, 107, 108, 109
農地改革 ………………………75, 88, 112

〈は〉

バウチャー私有化……33, 46, 54, 59, 64, 127
破産法 ………………………………55
不足の経済学…………………………63, 145
復興金融公庫…………………………98, 114
プラハ株式取引所……………………28
プラハの春 …………………25, 67, 145

事項索引

＜ま＞

見返り資金 …………………………87, 98
持株会社整理委員会（Holding Company Liquidation Commission：HCLC）…78, 81

＜や＞

János Kornai ………………………………19
闇価格……………………………………88
闇経済（shadow economy）…………68, 88

＜ら＞

レオンチエフ（Wassily Leontief）…21, 67
レジストレーションポイント・システム（Registracni Mista - System：RMS）…28
労働関係の民主化……………………75, 112
労働生産性………………………………57

＜わ＞

ワシントン・コンセンサス（Washington Consensus）……………………………16, 18
ワルシャワ条約機構（Warsaw Pact）…25
────諸国 ………………………………145

〈著者紹介〉

稲川　順子（いながわ・のぶこ）

1978 年	慶應義塾大学経済学部卒業
1983 年	慶應義塾大学大学院経済学研究科前期課程修了
1988 年	慶應義塾大学大学院経済学研究科後期課程修了
1993 年	浜松大学（国際経済学部）専任講師
1998 年	浜松大学（国際経済学部）助教授
2003 年	慶應義塾大学博士号取得
現　在	慶應義塾大学産業研究所特別研究員
	早稲田大学非常勤講師（2004 年から）

〈主要著作〉

— "Japan's Postwar Industrial Policy (1945-1970) as a Model for the Development Process in the Central European Countries", in : *The Role of Competition in Economic Trausition*, Macmillan press, 1993.

— "Policy Arena Financial Markets in the Baltic States : Fit for the EU ?" （共著, *Journal of International Development* 10, 1998）.

— "Globalisierung und Sozialversicherung" in : *Entwicklung der Systeme sozialer Sicherheit in Japan und Europa*, Duncker & Humblot・Berlin, 2000.

経済発展と政府の役割——チェコ共和国の例

2004年（平成16年）3月20日　初版第1刷発行

著　者	稲　川　順　子
発行者	今　井　　　貴
	渡　辺　左　近
発行所	信　山　社　出　版

〒113-0033　東京都文京区本郷 6-2-9-102
電　話　03 (3818) 1019
ＦＡＸ　03 (3818) 0344

印　刷　松澤印刷株式会社
製　本　大　三　製　本

Printed in Japan.

© 2004, 稲川順子.　落丁・乱丁本はお取替えいたします。

ISBN4-7972-2275-1　C3333